Die Deutschprofis A2.1

Kurs- und Übungsbuch mit Audios und Clips online

von Olga Swerlowa

auf der Basis von
„Das neue Deutschmobil 2" von
Jutta Douvitsas-Gamst und
Sigrid Xanthos-Kretzschmer

Ernst Klett Sprachen
Stuttgart

Autorin Olga Swerlowa (auf der Basis von „Das neue Deutschmobil 2" von Jutta Douvitsas-Gamst und Sigrid Xanthos-Kretzschmer)
Beratung Prof. Dr. Kerstin Reinke, Leipzig (Phonetik); Luisa Friederici, Medellín; Tünde Sárvári, Szeged
Redaktion Enikő Rabl, Nóra Kóczián
Redaktionelle Mitarbeit Ondrej Kotas, Berlin
Layoutkonzeption Marion Köster und Katrin Kleinschrot, Stuttgart
Satz Marion Köster, Stuttgart; Regina Krawatzki, Stuttgart
Illustrationen Zoltán Jécsai, Budapest;
Vera Brüggemann, Bielefeld (S. 18, 26, 30, 32, 38, 39, 56, 60, 76, 81, 90, 96, 114, 115, 120)
Umschlaggestaltung Sabine Kaufmann
Reproduktionen Meyle + Müller, Medien-Management, Pforzheim;
Corinna Rieber, Druckvorstufe, Marbach

Zu diesem Buch gibt es Audios und Clips, die mit der Klett-Augmented-App geladen und abgespielt werden können.

Klett-Augmented-App kostenlos downloaden und öffnen | **Seiten mit Audios oder Clips** scannen | Audios oder Clips laden, direkt nutzen oder speichern

Scannen Sie diese Seite für weitere Komponenten zu diesem Titel.

Apple und das Apple-Logo sind Marken der Apple Inc., die in den USA und weiteren Ländern eingetragen sind. App Store ist eine Dienstleistungsmarke der Apple Inc. | Google Play und das Google Play-Logo sind Marken der Google LLC.

Die Audios und die Clips sowie Online-Übungen sind auch unter www.klett-sprachen.de/deutschprofis-online zu finden.

1. Auflage 1 11 10 9 | 2024 23 22

© Ernst Klett Sprachen GmbH, Rotebühlstraße 77, 70178 Stuttgart, 2017. Alle Rechte vorbehalten.
www.klett-sprachen.de

Das Werk und seine Teile sind urheberrechtlich geschützt. Jede Nutzung in anderen als den gesetzlich zugelassenen Fällen bedarf der vorherigen schriftlichen Einwilligung des Verlags.

Druck und Bindung Gebr. Geiselberger GmbH, Altötting

ISBN 978-3-12-676500-8

SO LERNST DU MIT DEN DEUTSCHPROFIS

Im **Kursbuch** findest du Aufgaben zu Lesen, Hören, Sprechen und Schreiben.
Nach 6 Lektionen trainierst du das Gelernte.

SPIEL Es gibt auch viele Spiele, Rätsel, Lieder, Gedichte, Raps und Projekte.

👥 Diese Aufgaben machst du mit einem Mitschüler / einer Mitschülerin.

👨‍👩‍👧 Diese Aufgaben löst ihr in der Gruppe.

🔊 1.29 Auf www.klett-sprachen.de/deutschprofis-online kannst du alle Hörtexte anhören …

🖥 Clip … und Clips zur Grammatik ansehen.
Die Sätze kannst du selbst nachlegen.
(→ Kopiervorlagen im Lehrerhandbuch)

↗ 16 Im **Übungsbuch** übst du Grammatik und Wortschatz.
Auf den Ich-Buch-Seiten kannst du kreativ werden und Texte gestalten.

Mit dem **Wörterheft** lernst du die Wörter leichter.

 **Online** kannst du noch mehr üben:
Übungen zu jeder Lektion gibt es auf
www.klett-sprachen.de/deutschprofis-online.

Im **Testheft** überprüfst du, was du schon kannst, und trainierst für Prüfungen.

Bei den Aufgaben begleiten dich deine Freunde:
Felix, Maja, Leo und Wau.
Mit ihnen wirst auch du zum Deutschprofi!

INHALT KURSBUCH

	Kommunikation	Grammatik	Phonetik, Rhythmus, Lieder

1 MEINE ERLEBNISSE — 7

ein Souvenir beschreiben • über die Vergangenheit sprechen • von Freizeiterlebnissen erzählen	Perfekt mit *haben* und *sein* (regelmäßig und unregelmäßig) • Ortsangaben: *in*, *aus* + Ländernamen	Wortakzent bei Partizip II • Perfekt-Rap

2 MEINE FREUNDE — 17

das Aussehen und den Charakter beschreiben • über Freundschaft sprechen • etwas begründen • ein Buch / einen Film vorstellen	Nebensatz mit *weil* • trennbare Verben im Perfekt	Wortakzent bei Partizip II (trennbare Verben) • Satzgliederung durch Pausen • Gedicht: *Wann Freunde wichtig sind*

3 DAS KANN ICH AM BESTEN — 27

Vermutungen äußern • über persönliche Rekorde sprechen • vergleichen • die Meinung sagen • diskutieren	Verben auf *-ieren* im Perfekt • Adjektive im Komparativ und Superlativ • Vergleiche mit *wie* und *als*	E-Laute (e / ä) • Superlativ-Gedicht

4 WIE GEHT'S DENN SO? — 37

über Gefühle und Befinden sprechen • ein Arztgespräch verstehen • Regeln und Verbote formulieren	Nebensatz mit *wenn* • Modalverb *dürfen*	Konsonantenverbindungen [ts], [pf] und Konsonantenhäufungen • Körperteil-Rap

5 FRÜHER UND JETZT — 47

Alltagsgegenstände benennen • Meinungen wiedergeben • Hoffnung und Bedauern ausdrücken • Gründe angeben	Nebensatz mit *dass* • Modalverben im Präteritum: *musste, konnte, wollte, durfte* • Nomen mit bestimmtem Artikel und Pronomen im Dativ	Endung *-en* • Lied: *Meine Oma fährt im Hühnerstall Motorrad*

6 AUF KLASSENFAHRT — 57

Sehenswürdigkeiten • nach dem Weg fragen und den Weg erklären • den Ort angeben • höfliche Fragen stellen • etwas bewerten	nicht trennbare Verben im Perfekt • Ortsangaben: *zu* + Dativ, Wechselpräpositionen mit Dativ *(Wo?)* • indirekte Fragen mit W-Wort	höfliche Sprechweise: Satzmelodie zu indirekten Fragen • Stadt-Rap

Mach dich fit 1–6   Hören, Lesen, Schreiben, Sprechen — 67

INHALT ÜBUNGSBUCH

1 MEINE ERLEBNISSE — 72

2 MEINE FREUNDE — 80

3 DAS KANN ICH AM BESTEN — 88

4 WIE GEHT'S DENN SO? — 96

5 FRÜHER UND JETZT — 104

6 AUF KLASSENFAHRT — 112

MIT SPIEL ANS ZIEL 1–6 — 120

Unregelmäßige Verben — 122

Lösungen zum Leiterspiel — 124

Mein Ich-Buch — 125

Alphabetische Wörterliste — 131

DEINE AUFGABEN IM KURSBUCH

HÖREN

Hör zu.
Hör noch einmal.
Hör den Rap. Rapp mit.
Hör zu und lies mit.
Was hörst du? Wähl aus.

SEHEN, LESEN

Zeig auf das Bild.
Sieh die Fotos an.
Überflieg den Text.
Lies den Text.
Lies noch einmal.

SCHREIBEN

Sortiere die Wörter.
Was fehlt? Ergänze.
Such die Informationen.
Fass die Informationen zusammen.
Ordne die Bilder zu.
Ordne den Dialog.
Bau Sätze.
Schreib einen Text.

SPRECHEN

Sprich nach.
Bilde Sätze.
Lies vor.
Antworte.
Fragt und antwortet.
Sammelt Ideen.
Spielt den Dialog.
Erzählt.
Vergleicht.
Ratet.

1
MEINE ERLEBNISSE

Das lernst du:
ein Souvenir beschreiben · über die Vergangenheit sprechen · von Freizeiterlebnissen erzählen

1 a. Hört zu. Sucht das Foto. Welche Souvenirs gefallen euch?
🔊 1.1
- Mir gefällt … • … finde ich schön. 1, 2

b. Woher sind die Souvenirs? Sprecht darüber.

aus Griechenland	aus China	aus Spanien	aus der Schweiz
aus Ägypten	aus Peru	aus Mexiko	aus der Türkei
aus Russland	aus Ghana	aus Frankreich	aus den USA

c. RÄTSEL Beschreib ein Souvenir. Die anderen raten.

- Das Souvenir ist rund, weich und …

klein · rund · leicht
schwer · hart · weich
scharf · bunt · …

sieben 7

MEIN SOUVENIR

Lukas: In den Winterferien war ich mit meinen Eltern in der Schweiz. In Luzern haben wir eine Stadtrundfahrt gemacht. In einem Souvenirladen habe ich ein Kindertaschenmesser gesehen. Es hatte 10 verschiedene Werkzeuge. Es hat 30 Euro gekostet – mein ganzes Taschengeld! Aber ich habe es mit meinem Vater zusammen gekauft. Ich finde es so cool!

Lisa: Meine Oma und ich waren im Sommer zwei Wochen in Griechenland auf der Insel Zakynthos. Da leben ganz große Meeresschildkröten. Am Strand habe ich viele Nester gefunden, aber ich habe keine Schildkröte gesehen. Ich war schon sehr traurig. Dann haben meine Oma und ich eine Schifffahrt gemacht. Im Wasser waren ganz viele Tiere, die waren etwa einen Meter groß! Am letzten Tag habe ich am Flughafen eine Stoffschildkröte für 20 Euro gekauft. Die liegt jetzt auf meinem Bett.

Alexa: Im August waren meine Schwester und ich bei meiner Tante zu Besuch in Russland. Moskau war sehr interessant, aber ich hatte ein bisschen Angst: Überall waren sehr viele Menschen und Autos. Einmal waren wir im Matrjoschka-Museum, da gibt es typisch russische Holzpuppen. Und da habe ich eine Matrjoschka gekauft. Sie hat nur 3 Euro gekostet.

2 a. Überflieg die Texte. Ordne die Fotos von Seite 7 zu. 3

b. Lies die Texte. Ergänze die Informationen.

	Lisa	Lukas	Alexa
Wo war er/sie?		in der Schweiz	
Welches Souvenir hat er/sie gekauft?			eine Holzpuppe
Wo hat er/sie es gekauft?	am Flughafen		
Was hat es gekostet?			

3 a. Lest noch einmal. Wie steht es im Text? Ergänzt die Perfekt-Formen. 🔁 4

machen – wir haben gemacht
sehen – ich habe
kosten – es hat
kaufen – ich habe
finden – ich habe

Was hast du gemacht?
Ich habe Wau gesucht.
Er war im Keller.

b. Sortiert die Perfekt-Formen. Macht ein Plakat.

haben + ge…t	haben + ge…en
wir haben gemacht	
es hat	

4 a. Bilde Sätze. 🔁 5

Lisa		eine Stadtrundfahrt		gekauft.
Lukas		ein Taschenmesser		gemacht.
Alexa	+ hat +	Schildkröten	+	gesehen.
Das Souvenir		eine Schifffahrt		gekostet.
		eine Holzpuppe		gefunden.
		ein Stofftier		
		viele Nester		
		… Euro		

b. Wähl eine Person. Wo war er / sie? Was hat er / sie gemacht? Schreib 2–3 Sätze.

Lisa war … Sie hat … Und sie hat …

5 SPIEL Bringt Souvenirs mit. Legt alle auf einen Tisch. Der erste Spieler stellt eine Rätselfrage. Wer die Antwort weiß, macht weiter.

- Ich habe das Souvenir in … gekauft.
  Es hat … Euro gekostet. Was ist das?
- Ich habe mein Souvenir in … gefunden.
  Es ist rund und leicht. Was ist das?

PROJEKTTAGE AN DER SCHULE

Vom 12. bis 13. Oktober kannst du bei diesen Projekten mitmachen:

Pyramiden bauen	Raum 5	Herr Schäfer
Wir backen Weckmänner	Schulküche	Frau Klein
Hörst du die Stille? Meditationsübungen	Musikraum	Frau Wiesner
Afrika ganz nah: Musik und Tanz aus Äthiopien	Aula	Frau Steiner
Holzwerkstatt: Schutzengel	Raum 3	Frau Aziz
Schulrallye: Wie gut kennst du unsere Schule?	Schulhof	Frau Beyer
Steine, Farben, Formen	Raum 2	Herr Kramer

6 a. Welches Projekt ist das? Überflieg das Programm und ordne die Fotos zu.

b. Lies das Programm. Wo möchtest du gern mitmachen? Wo nicht?

> Ich möchte gern … backen. Das macht Spaß.

> Ich möchte beim Projekt … nicht mitmachen. Das finde ich …

7 a. Hör zu. Was haben die Kinder bei den Projekttagen gemacht? 6, 7, 8
1.2

Leon und Max		Weckmänner gebacken.
Viktoria	haben	Brot gebacken.
Moritz	+ hat +	Schutzengel gebastelt.
Selma und Aylin		Bilder auf Steine gemalt.
		einen Tanz gelernt.
		Musik gehört.

b. Hör noch einmal. Ergänze.

Leon und Max haben _____ gesammelt. Danach haben sie lustige _____ auf die Steine gemalt.
Viktoria und ihre Mitschüler haben Schutzengel aus _____ gebastelt.
Die _____ hat geholfen.
Moritz hat Weckmänner gebacken. Die Kinder hatten viel _____ und die Weckmänner haben _____ geschmeckt.
Selma und Aylin haben äthiopische _____ gehört. Sie haben auch einen äthiopischen _____ gelernt. Und dann haben alle äthiopisches Brot gebacken und auch gegessen. Es war sehr _____.

c. Was fehlt? Ergänze.

tanzen – sie haben *getanzt*
sammeln – sie haben _____
malen – sie haben _____
_____ – sie haben gebastelt
helfen – sie hat _____

backen – sie haben _____
_____ – sie haben geschmeckt
_____ – sie haben gehört
lernen – sie haben _____
essen – sie haben _____

d. Sortiert die Perfekt-Formen aus c auf dem Plakat aus 3 b.

🔊 1.3 **e. Hört zu. Sprecht und klopft den Wortakzent mit.**

ge**hört**   ge**sam**melt   Ich habe ge**hört** und ge**tanzt** und ge**lernt**.
ge**tanzt**   ge**bas**telt   Wir haben ge**sam**melt, ge**bas**telt, ge**ges**sen.
ge**lernt**   ge**ba**cken   Und ihr habt ge**malt** und ge**ba**cken.
ge**malt**   ge**ges**sen

8 **SPIEL** Würfle zweimal. Sag, was ihr gemacht habt. Dein/e Mitschüler/in reagiert.

	⚀	⚁	⚂	⚃	⚄	⚅
1	Steine	Musik	einen Tanz	Brot	einen Film	viel Interessantes
2	essen	backen	hören	sehen	sammeln	malen

● Wir haben Steine gebacken.
○ Ihr habt Steine gebacken!?
So ein Quatsch! Das kann nicht sein.
○ Wirklich? Toll!

TOLLES WOCHENENDE!?

 9 a. Seht die Fotos an. Wo war Ben? Wie war das Wochenende? 9, 10, 11, 12

b. Lest die E-Mail von Ben. Vergleicht mit den Fotos. Was stimmt nicht?

> Hallo Alex,
> wie geht es dir? Mir geht es super. Am Wochenende sind wir an den Müggelsee gefahren.
> Das Wetter war sonnig und warm. Meine Schwestern und ich sind viel im See geschwommen. Das war toll.
> Am Abend sind wir alle ins Restaurant gegangen. Und danach war eine Party mit Feuerwerk. Ich bin die ganze Nacht wach geblieben.
> Am Sonntag haben wir im Wald eine Wanderung gemacht. Wir haben ganz viele Pilze gefunden.
> Das Wochenende hat echt Spaß gemacht. Bis morgen!
> Ben

 c. Ergänzt die Perfekt-Formen. Was fällt euch auf?

Am Wochenende _____ wir an den Müggelsee _____.
Meine Schwestern und ich _____ viel im See _____.
Am Abend _____ wir alle ins Restaurant _____.
Ich _____ die ganze Nacht wach _____.
Am Sonntag _____ wir eine Wanderung _____.
Wir _____ ganz viele Pilze _____.

 d. Sortiert die Perfekt-Formen.

haben + ge...	sein + ge...

10 a. Wie war Bens Wochenende wirklich? Bilde einen Satz. Richtig oder falsch? Die anderen reagieren. 🗗 13

Ben		hat		an einen See gefahren.
Ben und seine Schwestern	+	haben	+	in den Wald gegangen.
Alle		ist		ins Restaurant gegangen.
		sind		geangelt und Fische gefangen.

- an einen See gefahren.
- in den Wald gegangen.
- ins Restaurant gegangen.
- geangelt und Fische gefangen.
- viel geschwommen.
- ein Lagerfeuer gemacht.
- Stockbrot gegessen.
- Pilze gesammelt.
- ein Feuerwerk gesehen.
- eine Wanderung gemacht.

b. „Korrigiert" die E-Mail von Ben. Schreibt den richtigen Text. Lest die Texte vor.

Hallo Alex,
wie geht es dir? Mir geht es … Am Wochenende sind wir … Das Wetter war …

c. Welches Wochenende gefällt euch besser? Bens Version oder die korrigierte?

11 **SPIEL** Werft einen Ball. Fragt und antwortet. 🗗 14

> Was hast du am Wochenende gemacht?

> Ich bin zu Hause geblieben und ich habe …

12 **RAP** Hört zu. Rappt mit.
🔊 1.4

Wir haben ge**spielt**,
wir haben ge**lacht**,
wir haben eine **Par**ty gemacht.
Wir haben ge**back**en,
wir haben ge**ges**sen,
wir haben alle so viel ge**ges**sen.
Ihr habt ge**tanzt**,
wir haben ge**lacht**.
Ja, das hat **großen Spaß** gemacht!

Dann war es schon **Nacht**,
aber wir waren noch **wach**.
Ja, ja, wir haben **Par**ty gemacht!
Ich bin gegangen,
du bist gegangen,
ihr seid gegangen.
Die Party war **aus**.
Tschüss! Gute Nacht!

PROFISEITE

13 a. SATZMODELLE Clip

Was	hat	Leo		gemacht?
Leo	ist	nach Hamburg		gefahren.
Er	hat	mit dem Schiff	eine Rundfahrt	gemacht.
Er	ist	ins Aquarium		gegangen.
Er	hat	Fischbrötchen		gegessen.
Er	hat	am nächsten Tag	ein Boot	gebastelt.

b. Bau Sätze.

1. mit seinen Eltern • Lukas • hat • gemacht • eine Stadtrundfahrt
2. hat • Lisa • gesammelt • viele Muscheln • in den Ferien
3. die Kinder • an den Gardasee • mit dem Bus • gefahren • sind
4. bis 23 Uhr • Ben • sind • seine Schwestern • wach • und • geblieben
5. eine Puppe • gekauft • Carla • hat • im Souvenirladen
6. haben • in der Schule • was • gebacken • die Kinder • ?

DAS KANNST DU SCHON!

- ● Woher ist das Souvenir?
- ○ Es ist aus Frankreich.

- ● Wo hast du es gekauft?
- ○ Ich habe es in Paris gekauft.

- ● Was hat es gekostet?
- ○ Es hat … Euro gekostet.

- ● Was hast du am Wochenende gemacht?
- ○ Ich bin zu Hause geblieben. Ich habe gelernt.
- ○ Wir sind in die Berge gefahren. Wir haben eine Wanderung gemacht.

- ● Wir haben Steine gebacken.
- ○ So ein Quatsch! Das kann nicht sein.
- ○ Wirklich? Toll!

GRAMMATIK
mit den Deutschprofis

Perfekt

haben + ge…			sein + ge…		
ich	habe	getanzt	ich	bin	gegangen
du	hast	getanzt	du	bist	gegangen
er/sie/es	hat	getanzt	er/sie/es	ist	gegangen
wir	haben	getanzt	wir	sind	gegangen
ihr	habt	getanzt	ihr	seid	gegangen
sie	haben	getanzt	sie	sind	gegangen

Verben im Perfekt

angeln – hat geangelt
basteln – hat gebastelt
hören – hat gehört
kaufen – hat gekauft
kosten – hat gekostet
lernen – hat gelernt
machen – hat gemacht
malen – hat gemalt
sammeln – hat gesammelt
schmecken – hat geschmeckt

suchen – hat gesucht
tanzen – hat getanzt

backen – hat gebacken
essen – hat gegessen
fangen – hat gefangen
finden – hat gefunden
helfen – hat geholfen
sehen – hat gesehen

bleiben – ist geblieben
fahren – ist gefahren
gehen – ist gegangen
kommen – ist gekommen
schwimmen – ist geschwommen

Woher?

aus Peru, aus Frankreich, aus China …
aus der Schweiz, aus der Türkei
aus den USA

Wo?

in Peru, in Russland, in China …
in der Schweiz, in der Türkei
in den USA

fünfzehn 15

SPIELWIESE

D-A-CH Welche Souvenirs aus D-A-CH kennt ihr?
Eins kommt nicht aus D-A-CH. Findet ihr es?

das Lebkuchenherz   die Kuhglocke

die Uhr

der Gartenzwerg

das Ampelmännchen

die Lederhose   der Nussknacker   die Holzpantoffeln

PROJEKT Welche Souvenirs bringt man aus eurem Land / eurer Stadt mit?
Malt oder fotografiert sie. Beschreibt sie.

REZEPT Lest das Rezept und probiert es bei einer Klassenfahrt aus.

REZEPT FÜR 10 STOCKBROTE:

1 Würfel (42 g) Hefe
325 ml lauwarmes Wasser
600 g Mehl
2 Esslöffel Öl
2 Teelöffel Salz
1 Teelöffel Zucker

Die Hefe im lauwarmen Wasser auflösen. Alles in eine Schüssel geben und mit dem Handrührgerät mixen. Den Teig zudecken und 45 Minuten stehen lassen. Danach den Teig mit etwas Mehl kurz durchkneten und in 10 gleiche Teile teilen. Die Teigstücke zu ca. 40 cm langen Rollen formen. Die Stöcke an der Spitze mit Alufolie umwickeln und darauf die Teigrollen wickeln. Das Stockbrot ca. 10 Minuten lang über der Glut drehen, bis es goldbraun ist. Viel Spaß!

2 MEINE FREUNDE

Mein Freund ist groß und sportlich. Seine Haare sind blond und ganz kurz.

Meine Freundin trägt eine Brille. Sie hat lange braune Haare.

Mein Freund hat braune Haare. Er trägt gern Jeans und sieht total cool aus.

Meine Freundin lacht viel. Sie hat glatte hellbraune Haare. Ihre Augen sind grün.

Philipp · Sarah · Tanja · Julius · Luisa · Karl

Das lernst du:
das Aussehen und den Charakter beschreiben · über Freundschaft sprechen · etwas begründen · ein Buch / einen Film vorstellen

1
a. Sieh die Fotos an. Zu wem passen die Beschreibungen? 1, 2

b. Was passt zu deinem Freund / deiner Freundin? Sammle Wörter.

c. Beschreib kurz deinen Freund / deine Freundin.

- Mein Freund heißt … Er ist … Jahre alt. Er hat … Haare und … Augen. Er trägt gern …
- Meine Freundin ist … Sie hat … Haare. Ihre Augen sind … Sie sieht … aus.

siebzehn 17

FREUNDE SIND WICHTIG

2 a. **Hör zu. Mit wem sind die Kinder befreundet? Ordne die Namen von Seite 17 zu.** 3

🔊 1.5

Anita ist mit _____ befreundet.
Ahmed ist mit _____ befreundet.
Leon ist mit _____ befreundet.
Marina ist mit _____ befreundet.

b. **Hör noch einmal. Zu welchem Freundespaar passen die Aussagen?**

A Sie spielen zusammen Basketball und Playstation und trainieren zusammen Handball.
B Sie verbringen viel Zeit zusammen und können über alles reden.
C Sie haben die gleichen Interessen wie zum Beispiel Musik, Reiten und Ballett.
D Sie machen zusammen viel Quatsch und lachen dabei sehr viel.

 c. **Was macht ihr mit euren Freunden zusammen? Erzählt.**

- Ich bin mit … befreundet. Wir … zusammen.

3 a. **Was ist für dich bei Freunden wichtig? Sortiere.**  4

wichtig	unwichtig

nett • fleißig • klug •
ruhig • sportlich •
witzig • schön • mutig •
ehrlich • lustig • stark •
schüchtern

b. **Wie muss dein Freund / deine Freundin sein? Erzähle.**

● Mein Freund muss nett sein. Das ist wichtig.

● Meine Freundin muss nicht schön sein. Das ist unwichtig.

● …

4 a. Mach den Freundschaftstest. 🗗 5

SEID IHR BESTE FREUNDE?
FINDE ES MIT DEM TEST HERAUS. VIEL SPASS!

1. Könnt ihr über alles reden?
   a. Klar, über alles!
   b. Wir reden viel, aber nicht über alles.
2. Wie oft macht ihr etwas zusammen?
   a. Fast jeden Tag.
   b. Zweimal in der Woche. Das reicht!
3. Habt ihr oft Streit?
   a. Nie! Wir wissen gar nicht, was das ist!
   b. Nicht oft, aber das kommt manchmal vor.
4. Seht ihr euch am Wochenende?
   a. Ja, jedes Wochenende verbringen wir zusammen.
   b. Nein, dafür habe ich keine Zeit!
5. Habt ihr die gleichen Interessen?
   a. Ja, natürlich! Alles ist gleich.
   b. Nein, sie / er hat viele andere Hobbys.
6. Lernt ihr zusammen?
   a. Natürlich! Wir machen oft Hausaufgaben zusammen.
   b. Nur manchmal, meistens lerne ich allein.

b. Hast du mehr a. oder mehr b.? Lies die Auswertung.

4–6 x a: Eure Freundschaft ist perfekt, weil ihr füreinander da seid. Niemand kann euch so schnell auseinanderbringen. Haltet zusammen!

4–6 x b: Ihr seid befreundet, aber ihr seid nicht die besten Freunde, weil ihr viel Zeit mit anderen verbringt und weil eure Interessen so unterschiedlich sind.

5 Was passt zu dir? Wähl aus. Lies deine Antworten dann vor. 🗗 6, 7, 8

… ist mein Freund / meine Freundin,
weil wir über alles reden können.
weil wir nie streiten.
weil wir einander immer helfen.
weil wir oft zusammen ins Kino gehen.
weil wir zusammen viel lachen.
weil wir viel zusammen machen.
weil wir die gleichen Interessen haben.
weil wir oft zusammen lernen.
weil wir in der gleichen Klasse sind.
weil wir viel Zeit zusammen verbringen.

6 Ergänze die Sätze über deine Freunde.

Ich bin mit … befreundet, weil …
Ich finde … toll, weil …
Manchmal habe ich Streit mit …, weil …
Ich lerne oft mit …, weil …
Freunde sind wichtig, weil …

ECHTE FREUNDSCHAFT

7 Lies die Beiträge im Schülerblog. Warum sind die Kinder traurig?

> **Paula:** Meine beste Freundin Tina ist umgezogen. Ich vermisse sie. ☹
> **Sonja:** Letzte Woche hatte ich mit meiner Freundin Katrin Streit. Das hat mich traurig gemacht. Ich habe sie nach der Schule zu mir eingeladen. Sie ist aber nicht gekommen.
> **Dennis:** Ich bin noch ganz neu in der Klasse und habe bis jetzt noch keinen Freund gefunden. Ich bin immer allein.

- Paula ist traurig, weil …

8 a. Lies die Antworten. Wer antwortet wem?  9

> **Daniel:** Mein letztes Schuljahr hat auch nicht so gut angefangen: Ich habe die Schule gewechselt. Am ersten Tag war ich ganz allein auf dem Schulhof. Überall waren nur „Grüppchen". Und dann habe ich einfach einen Jungen gefragt, wie er heißt. Er war total nett, wir haben uns schnell angefreundet. Und später habe ich auch die anderen in der Klasse kennengelernt. Jetzt habe ich viele neue Freunde. Sei mutig, dann klappt das schon. Viel Glück!
> **Leonie:** Ich und meine beste Freundin waren unzertrennlich. Wir haben Tür an Tür gewohnt und sind in die gleiche Klasse gegangen. Und dann ist sie nach Berlin umgezogen. Am Anfang war ich sehr traurig, ich habe sogar geweint. Jetzt ist alles gut. Wir skypen zwei- bis dreimal die Woche und reden über alles. Sie bleibt für immer meine beste Freundin.
> **Kim:** Ich habe auch schon mal mit meiner Freundin Raffaela gestritten. Das passiert. Aber dann habe ich sie angerufen und wir haben miteinander geredet. Das hat echt geholfen. Freunde haben nicht immer die gleiche Meinung, aber das ist nicht schlimm.

b. Lies noch einmal. Was passt zusammen?

1. Leonie und ihre Freundin haben
2. Daniel hat letztes Jahr
3. Kim hat auch schon
4. Leonie und ihre Freundin sind
5. Leonies Freundin ist
6. Daniel hat schnell

a. die anderen aus der Klasse kennengelernt.
b. Tür an Tür gewohnt.
c. mit ihrer Freundin gestritten.
d. nach Berlin umgezogen.
e. in die gleiche Klasse gegangen.
f. die Schule gewechselt.

c. Wähl eine Person. Such im Text Antworten auf die Fragen.

Was ist passiert?
Was hat er / sie gemacht?
Wie ist die Situation jetzt?

d. Kennt ihr solche Situationen? Was habt ihr gemacht? Erzählt.

- Ich habe auch einmal mit … gestritten.
- Ich war auch neu in der Klasse und ich habe …

9 a. Ergänze die Perfekt-Formen. Was fällt dir auf? 10, 11, 12

weinen	– ich habe *geweint*	anfangen	– es hat *angefangen*
wohnen	– wir haben	anrufen	– ich habe
reden	– wir haben	einladen	– ich habe
streiten	– ich habe	kennenlernen	– ich habe
helfen	– es hat	umziehen	– sie ist

🔊 1.6 **b. Hör zu. Klopf beim zweiten Hören die Akzentsilbe. Bei welchen Verben ist die erste Silbe betont?**

🔊 1.7 **c. Kettenspiel: Hört zu. Übt genauso weiter. Jeder nimmt ein Verb aus a.**

weinen • ich hab ge**weint**
wohnen • ich hab ge**wohnt**
reden • …

anfangen • ich hab **an**gefangen
anrufen • ich hab **an**gerufen
einladen • …

10 a. Was ist passiert? Schreibt mit den Stichworten einen Beitrag für den Schülerblog.

einen Mathetest geschrieben • die Aufgaben falsch gelöst •
die Lehrerin schlechte Note gegeben • traurig sein •
Freund / Freundin angerufen • geholfen • zusammen gelernt

b. Lest die Texte vor. Wählt einen Text und schreibt ihn weiter.

Zwei Wochen später …

Welchen Quatsch habt ihr schon zusammen gemacht?

FREUNDE IN BUCH UND FILM

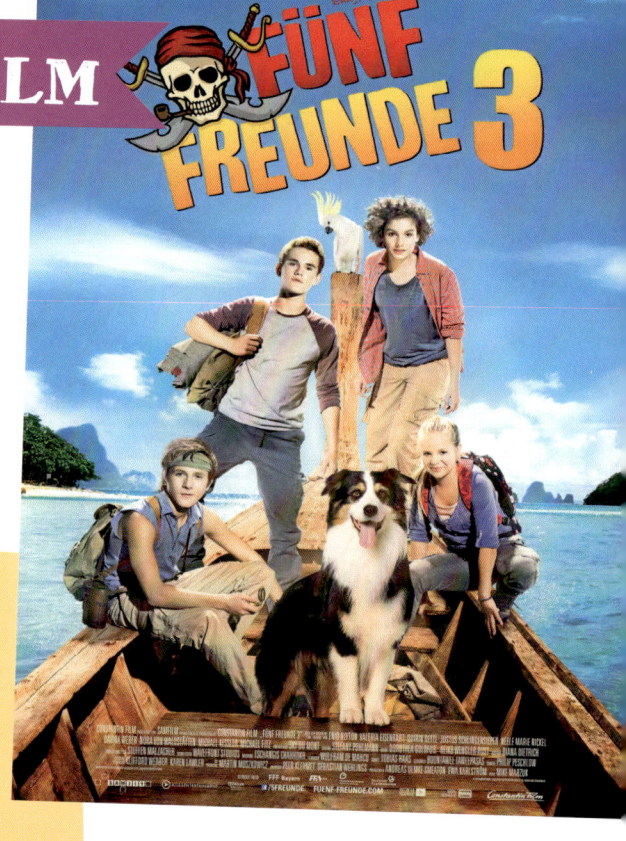

11 a. Seht das Plakat an. Wer ist das? Was denkt ihr: Was machen sie zusammen?

b. Lies die Zusammenfassung. Möchtest du den Film sehen?

FILM DER WOCHE

Fünf Freunde 3

Anne, Georg (die eigentlich Georgina heißt), Richard, Julius und Tim, der Hund – das sind die berühmten Fünf Freunde. Gemeinsam sind sie ein super Team.

Jedes Jahr erleben die Freunde spannende Abenteuer in den Ferien. Kein Rätsel ist für sie zu schwierig und sie halten in allen Situationen zusammen.

In Fünf Freunde 3 wartet ein neues Abenteuer in Thailand auf sie.

Ich möchte den Film sehen, weil ...

12 a. Lies das Interview mit Neele Marie Nickel. Welcher Titel passt? 13

a. Schauspielern ist mein Traum   b. Ferien in Thailand   c. Meine Hobbys

b. Lies noch einmal. Richtig oder falsch?

	richtig	falsch
1. Neele Marie Nickel kommt aus Köln.	☐	☐
2. Sie hat drei Monate in Thailand einen Film gedreht.	☐	☐
3. Ihre Mutter und ihre Schwester waren in Thailand auch dabei.	☐	☐
4. Sie war drei Wochen nicht in der Schule.	☐	☐
5. Geschichtslehrerin ist Neeles Traumberuf.	☐	☐
6. Neeles Eltern sind stolz auf ihre Tochter.	☐	☐
7. Zu Hause ist sie ein ganz normales Schulmädchen.	☐	☐

Neele Marie Nickel (13) wohnt in Köln und spielt im Kinderfilm „Fünf Freunde 3" die schüchterne Anne.

Für den Film habt ihr im Sommer zwei Monate in Thailand gedreht. Wie war es so weit weg von zu Hause?
Neele: Das war eine tolle Erfahrung! Die Kultur in Thailand ist interessant, die Menschen sind nett und das Team war perfekt. Wir sind sogar auf Elefanten geritten! Aber meine Mutter und meine große Schwester sind auch mitgefahren, ich war nicht alleine.

Aber dann hast du in der Schule ganz schön viel verpasst, oder?!
Neele: Wir haben ja vor allem in den Sommerferien gedreht. Ich habe nur drei Wochen verpasst. Aber dann habe ich mit Freunden gelernt, das war schön.

Ist Schauspielerin denn dein Traumberuf?
Neele: Ja! Ich will Schauspielerin werden. Dass ich die Rolle der Anne gespielt habe, war vor allem Glück. Meine Mutter sagt aber, ich brauche einen Plan B, falls es nicht klappt. Dann möchte ich Geschichtslehrerin werden.

Was sagen deine Eltern denn überhaupt zur Schauspielerei?
Neele: Am Anfang war meine Mutter dagegen. Sie hatte Angst. Aber dann hat sie mich bei einer Agentur angemeldet. Jetzt sind meine Eltern stolz auf mich.

Der Film ist ja ziemlich erfolgreich. Erkennen dich Leute auf der Straße?
Neele: Nicht so oft. Und zu Hause bin ich einfach nur ein Schulmädchen, das ein besonderes Hobby hat. Lustig ist, wenn meine Freundinnen mit mir in den Film gehen wollen. Dann gucken die Kinder und denken sich: „Die ist jetzt gerade aus der Leinwand gestiegen"!

---

13 Was hast du gelesen / gesehen? Stell ein Buch oder einen Film über Freundschaft vor.

Ich habe das Buch „…" gelesen. /
Ich habe den Film „…" gesehen.
… hat das Buch geschrieben /
den Film gemacht.
Die Hauptfiguren heißen … Sie sind gute Freunde. Sie … zusammen.
Der Film / Das Buch hat mir gefallen, weil …

14 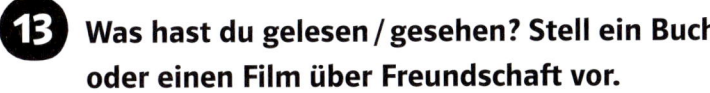 a. Hör zu. Lies mit. 14
 1.8

b. Lies das Gedicht vor oder lern es auswendig.

Wann Freunde wichtig sind

Freunde sind wichtig
zum Sandburgenbauen,
Freunde sind wichtig,
wenn andre dich hauen,
Freunde sind wichtig
zum Schneckenhaussuchen,
Freunde sind wichtig
zum Essen von Kuchen.

Vormittags, abends,
im Freien, im Zimmer …
Wann Freunde wichtig sind?
Eigentlich immer!

Georg Bydlinski

PROFISEITE

15 **SATZMODELLE** Clip

Warum	ist	Felix mit Maja befreundet?		
Felix	ist	mit Maja befreundet,		
weil	Maja	lustig		ist.
weil	sie	beim Lernen	immer	helfen kann.
weil	sie	ein cooles Baumhaus		hat.
weil	sie	alle	zum Geburtstag	eingeladen hat.

16 a. Richtig sprechen: Hört das Beispiel. Wo ist eine Pause im Satz?
🔊 1.9

Leo ist mit Felix befreundet, weil er immer super Ideen hat.

b. Schreibt alle Sätze aus Aufgabe 15 ins Heft. Markiert die Satzakzente und die Pause.

c. Hört zu. Lest die Sätze dann zu zweit vor: zuerst bis zur Pause, dann weiter.
🔊 1.10

DAS KANNST DU SCHON!

- Mein Freund ist groß und sportlich.
  Er hat kurze braune Haare.
  Seine Augen sind grün.
  Er trägt eine Brille.
  Er ist stark und mutig.

- Meine Freundin hat blaue Augen.
  Ihre Haare sind lang.
  Sie ist sehr witzig.
  Sie sieht gut aus.

- Ich bin mit ... befreundet.
- Was macht ihr zusammen?
- Wir spielen Handball.
  Wir lernen zusammen.
  Wir haben die gleichen Interessen.

- Warum ist ... dein Freund?
- Weil er stark und mutig ist.

- Warum ist ... deine Freundin?
- Weil sie immer zuhört.

GRAMMATIK
mit den Deutschprofis

weil-Satz

Freunde sind wichtig,	weil	sie	füreinander da	sind.
Er ist mein Freund,	weil	er	gut	zuhören kann.
Sie ist meine Freundin,	weil	sie	mir immer	geholfen hat.

Verben im Perfekt

fragen – hat gefragt   gefallen – hat gefallen
reden – hat geredet   reiten – ist geritten
wechseln – hat gewechselt   helfen – hat geholfen
weinen – hat geweint   streiten – hat gestritten
wohnen – hat gewohnt

trennbare Verben im Perfekt

an|rufen   Ich rufe meinen Freund an.
             Ich habe meinen Freund angerufen.

an|fangen – hat angefangen   kennen|lernen – hat kennengelernt
an|melden – hat angemeldet   mit|fahren – ist mitgefahren
an|rufen – hat angerufen   um|ziehen – ist umgezogen
ein|laden – hat eingeladen

fünfundzwanzig 25

SPIELWIESE

SPIEL Welches Freundschaftsspiel gefällt euch am besten? Probiert die Spiele aus.

Du bist mein Spiegelbild
Sieh deinen Freund / deine Freundin an. Er / sie macht Bewegungen. Du bist sein / ihr Spiegelbild: Mach alle Bewegungen genau nach. Nach ein paar Minuten bist du dran.

Ich zeige dir den Weg
Ihr steht zu zweit am Start. Verbinde deinem Freund / deiner Freundin die Augen. Er / sie darf nichts sehen. Du sagst: „Geh nach rechts, nach links, nach vorn, nach hinten …". Er / sie darf nichts berühren. Nach ein paar Minuten bist du dran.

Wir kommen ans Ziel
Ihr steht zu zweit am Start. Jedes Paar hält einen Ball oder Luftballon zwischen den Köpfen fest. Dann lauft ihr mit dem Ball zum Ziel. Der Ball / Luftballon darf nicht herunterfallen, sonst müsst ihr an den Start zurück.

Wir zeichnen zusammen
Ihr sitzt zu zweit, habt ein Blatt Papier und einen Bleistift. Ihr nehmt den Bleistift zusammen in die Hand und zeichnet zusammen ein Haus, einen Baum oder einen Hund. Ihr dürft nicht miteinander sprechen.

3 DAS KANN ICH AM BESTEN

vom Turm springen

Schlittschuh laufen

Einrad fahren

Skateboard fahren

reiten

Breakdance machen

Das lernst du:
Vermutungen äußern · über persönliche Rekorde sprechen · vergleichen · die Meinung sagen · diskutieren

1 a. Was können die Kinder? Wie gut? Was denkt ihr? 1

- Ich denke, das Mädchen kann schon gut …
- Ich glaube, der Junge kann noch nicht so gut …

b. Was könnt ihr sehr gut? Fragt und antwortet. Bildet Gruppen nach „Talenten".

- Kannst du …?
- Ich kann nicht so gut … Aber ich kann …
- Wir können gut …

siebenundzwanzig **27**

DAS HABE ICH GESCHAFFT!

Larissa: Ich mag Pferde und mein größter Wunsch war, reiten zu lernen. Meine Eltern haben mir zum Geburtstag Reitunterricht geschenkt. Ich war den ganzen Sommer jeden Sonntag in der Reitschule. Ich habe viel geübt, aber richtig gut kann ich es noch nicht. Meine Reitlehrerin hat mir geholfen und gezeigt, wie man richtig im Sattel sitzt und das Gleichgewicht hält. Gestern bin ich zum ersten Mal selbst geritten und darauf bin ich ziemlich stolz.

Lea: Meine große Schwester fährt Einrad. Das sieht immer so toll aus und macht auch viel Spaß. Aber das ist nicht leicht. Meine Schwester hat mich zuerst ausgelacht, dass ich es nicht kann. Ich habe aber gesagt, ich lerne es in einem Monat. Das habe ich dann auch geschafft. Jetzt übe ich gerade das freie Aufsteigen. Meine Schwester hilft mir dabei.

Jonas: Ich mache Breakdance, seit ich fünf Jahre alt bin. Mein großer Bruder hat mich damals zum Training mitgenommen und er hat mir viele „Moves" gezeigt. Dann hab ich sie ausprobiert und gelernt. Ich glaube, ich bin jetzt richtig gut.

Oliver: Am Dienstag bin ich zum ersten Mal Schlittschuh gelaufen. Am Anfang bin ich ganz oft hingefallen. Dann hat mir mein Lehrer einen Trick gezeigt und ich habe den Trick den ganzen Vormittag geübt. Und ich habe es geschafft. Ich möchte weiterüben und richtig gut laufen lernen.

2 a. Überflieg die Texte. Ordne die Fotos von Seite 27 zu. 2

b. Was findest du besonders interessant? Wähl einen Text und such die Antworten auf die Fragen.

Was hat er / sie gelernt?   Wie lange hat er / sie geübt?
Wer hat geholfen?   Wie gut kann er / sie es jetzt?

c. Macht Gruppen zu viert. Fass die Informationen für die anderen zusammen.

… kann schon gut / noch nicht so gut …
… hat … gelernt.
Er / sie hat … geübt.
… hat geholfen.
Es war … Aber er / sie hat es geschafft.

3 a. Sieh die Fotos von Saschas Blog an. Was hat er geschafft? 3, 4

SASCHAS BLOG

A — Mit dem Skilehrer auf der Piste
B — Das Käsefondue ist lecker!
C — Meine erste Abfahrt ganz allein

Sascha kann …

◁) 1.11 **b. Hör zu. Ordne die Fotos.**

c. Hör noch einmal. Antworte auf die Fragen.

1. Wer hat die Reise organisiert?
2. Wer hat Saschas Fehler beim Skifahren korrigiert?
3. Wie lange hat Sascha bis zur ersten Abfahrt trainiert?
4. Wie oft ist er hingefallen?
5. Wer hat ihn bei der ersten Abfahrt fotografiert?
6. Was hat er am letzten Abend gemacht?

d. Ergänze die Perfekt-Formen. Was fällt dir auf?

organisieren – sie hat *organisiert*
korrigieren – er hat
trainieren – ich habe
fotografieren – er hat

 4 PROJEKT Was habt ihr geschafft? Bringt ein Foto, eine Urkunde oder eine Medaille mit. Schreibt Texte und macht ein Plakat.

WER KANN ES BESSER?

5 a. **RÄTSEL** Wer ist wer? Ergänze die Namen auf dem Foto. 5, 6, 7, 8

Ich heiße Sofie und ich habe vier Geschwister.
Mein Bruder Mark ist größer und älter als ich. Er ist auch ruhiger.
Meine Schwester Annalena ist viel kleiner als ich, aber ihre Haare sind schon länger als meine.
Mein Bruder Daniel ist kleiner als Mark, aber er ist stärker. Er macht Karate.
Und mein Bruder Tim ist genauso alt wie Annalena, sie sind Zwillinge.

b. Ergänze die Formen. Lies vor. Mach eine Bewegung dazu.

klein   kleiner   ruhig
groß   stark
alt   lang

c. Ergänze die Sätze.

Sofies Bruder Mark ist _____ als sie.
Annalenas Haare sind _____ als Sofies.
Sofies Bruder Daniel ist _____ als Mark.
Aber er ist _____ als Mark.

6 SPIEL Geht im Klassenzimmer herum und vergleicht eure Füße, Hände oder Haare.

- Mein Fuß ist größer / kleiner als dein Fuß.
- Deine Haare sind kürzer / länger als meine.
- Meine Hand ist genauso … wie …

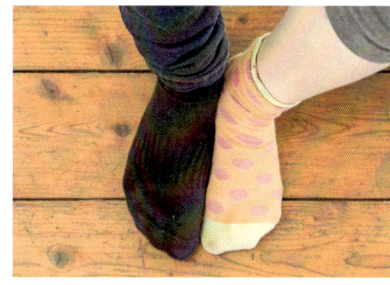

7 a. Lies die Meinungen. Hör die Reaktionen. Wer ist einverstanden? Wer nicht?
🔊 1.12

	+	−	+−
1. Jungen sind sportlicher als Mädchen.	☐	☐	☐
2. Mädchen sind fleißiger als Jungen.	☐	☐	☐
3. Mädchen reden mehr.	☐	☐	☐
4. Jungen sind besser in Mathe.	☐	☐	☐
5. Mädchen weinen öfter.	☐	☐	☐

b. Hör noch einmal. Welche Sätze hörst du? Wähl aus.

+
a. Ja, genau!
b. Das ist richtig.
c. Das stimmt.
d. Du hast recht.
e. Das finde ich auch.

−
f. So ein Quatsch!
g. Das ist Unsinn.
h. Das stimmt nicht.
i. Das sehe ich anders.
j. Das finde ich nicht.

+−
k. Vielleicht.
l. Ich weiß nicht …

c. Wie ist eure Meinung? Diskutiert in der Gruppe.

8 a. Sammelt noch 2–3 Meinungen über Jungen und Mädchen.

b. Präsentiert eure Meinungen. Die anderen reagieren.

> Wir glauben, Mädchen schreiben schöner als Jungen.
>
> Ja, genau!

LUSTIGE REKORDE

TIERREKORDE

1. Welches Tier ist am schwersten?
   a. der Elefant
   b. das Nashorn
   c. der Bär

2. Welches Tier schläft am längsten?
   a. das Faultier
   b. der Koala
   c. der Panda

3. Welcher Vogel ist am kleinsten?
   a. der Papagei
   b. der Kolibri
   c. der Kuckuck

4. Welches Tier taucht am tiefsten?
   a. der Oktopus
   b. die Robbe
   c. der Delfin

5. Welches Tier läuft am schnellsten?
   a. der Hase
   b. der Strauß
   c. der Gepard

6. Welches Tier ist am klügsten?
   a. der Delfin
   b. der Affe
   c. der Papagei

 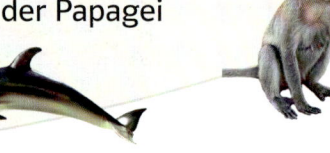

9 RÄTSEL Lest die Rätselfragen. Ratet und vergleicht. 11

- Ich glaube, der Bär ist schwerer als das Nashorn. Aber der Elefant ist am schwersten.

10 a. GEDICHT Hört zu und lest mit. Wer kann das Gedicht am schnellsten auswendig? 12, 13

1.13

Welche Stadt ist auf der Erde am ältesten?
Welcher Monat ist in der Antarktis am kältesten?
Welche Sprache ist von allen am schwersten?
Welches Fest feiern wir im Januar, am ersten?
Welcher Ozean ist auf der Erde am tiefsten?
Welcher Turm ist in Italien am schiefsten?
Welcher Berg liegt in Nepal und ist am höchsten?
Welches Land ist auf der Erde am größten?
Welcher Stern leuchtet am Nachthimmel am hellsten?
Und welches Kind lernt dieses Gedicht am schnellsten?

b. Auf welche Fragen kennt ihr die Antwort? Besprecht sie in der Gruppe.

c. Formuliert eine eigene Frage für die anderen. Wer antwortet am schnellsten?

11 SPIEL Lustige Rekorde in der Klasse: Probiert sie aus. Macht ein Plakat mit den Ergebnissen.

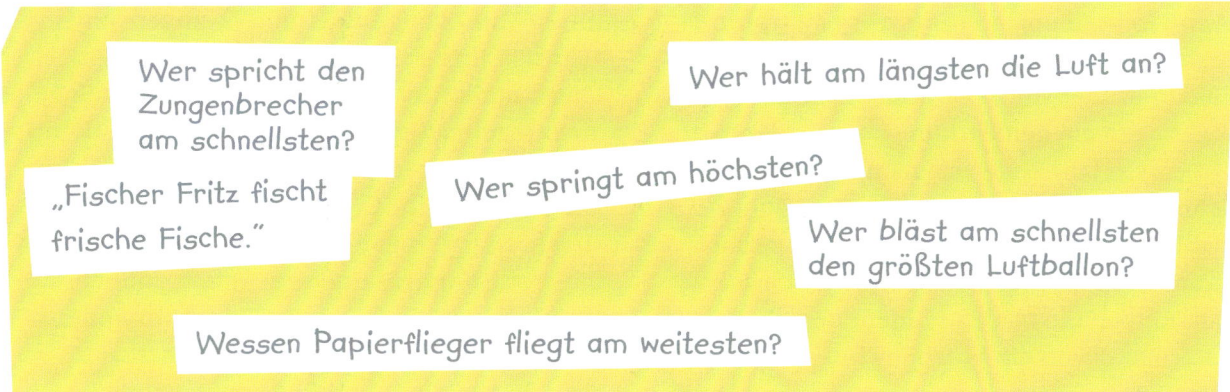

Wer spricht den Zungenbrecher am schnellsten?
„Fischer Fritz fischt frische Fische."
Wer hält am längsten die Luft an?
Wer springt am höchsten?
Wer bläst am schnellsten den größten Luftballon?
Wessen Papierflieger fliegt am weitesten?

12 SPIEL Was machst du am liebsten / am meisten / am besten? Schreib drei Sätze auf einen Zettel. Jeder zieht einen Zettel. Ratet: Wer ist das? 14

> Rechnen kann ich am besten.
> Am liebsten lese ich.
> Hip-Hop höre ich am meisten.

13 a. E-Laute (e / ä) richtig sprechen: Hör zu und sprich nach.

1.14

lang	kurz	lang
Bär	rechnen	Lehrer
Häschen	älter	Ferien
Rätsel	Eltern	schwer

b. Lest die Fragen vor. Achtet auf die E-Laute. Auf welche Fragen kennt ihr die Antwort?

Wer rennt schneller als ein Häschen?
Wer rechnet besser als der Lehrer?
Wer ist älter als seine Eltern?
Wer isst mehr als ein Bär?

Was ist kälter als der Herbst?
Was ist heller als ein Stern?
Was ist länger als die Ferien?
Was ist schwerer als dieses Rätsel?

PROFISEITE

14 Lies den Zeitungsartikel. Wähl bei jeder Aufgabe aus (1–5): richtig oder falsch.

DEUTSCHLANDS JÜNGSTE RAPPER

Wenn Cebrail und Mert Eren ein Mikrofon in der Hand haben, dann steppt der Bär. Die beiden Brüder sind acht und elf Jahre alt und haben ein gemeinsames Hobby: rappen. Vor einem Jahr haben sie damit angefangen. Schon immer haben die beiden Jungs ihre Lieblingsmusik mitgerappt. Ihr Cousin hat dann einen eigenen Song für sie geschrieben. Den rappen die beiden seitdem täglich. Ihr Vater hat davon ein Video ins Internet gestellt. Über 112 000 Besucher waren schon auf ihrer Webseite. Bis zu 50 Mails am Tag bekommen die Jungs, die im Netz mittlerweile als J1 und J2 bekannt sind. Das steht für Junior 1 und Junior 2 – so werden Cebrail und Mert von ihrem Vater genannt. J1 und J2 singen auf Deutsch. Ihre Fans haben die beiden Jungs längst nicht mehr nur im Internet, sie stehen auch regelmäßig auf der Bühne vor Publikum. „Lampenfieber kennen wir nicht", sagt Mert. Die Texte, die ihr Cousin geschrieben hat, sitzen. Darin singen sie, dass sie bereit sind für die große Karriere und es schaffen können, wenn sie sich anstrengen. Die Schule wollen sie für eine Karriere nicht aufgeben, doch sie haben viel vor. „Wir wollen ganz groß rauskommen", verweist Cebrail auf ihr erstes Album, an dem sie gerade arbeiten. Fünf Songs sind schon fertig, zwölf sollen auf ihre erste CD kommen, die im Sommer erscheint.

	richtig	falsch
1. Cebrail ist der Bruder von Mert.	☐	☐
2. Die Songs schreibt ihr Vater.	☐	☐
3. Jeden Tag bekommen sie viele E-Mails von ihren Fans.	☐	☐
4. Sie rappen nur im Internet.	☐	☐
5. Auch die Schule ist für die beiden sehr wichtig.	☐	☐

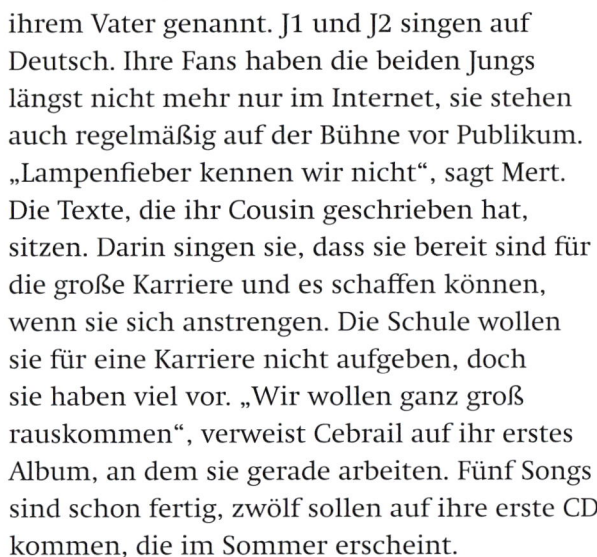

DAS KANNST DU SCHON!

- • Jungen sind sportlicher als Mädchen.
- ○ So ein Quatsch! Das stimmt nicht.

- • Jungen sind stärker.
- ○ Du hast recht.

- • Bist du so groß wie ich?
- ○ Ja, ich bin genauso groß wie du.
- • Nein, ich bin größer als du.

- • Welches Tier ist am schwersten?
- • Welches Tier rennt am schnellsten?

- • Was machst du am liebsten?
- ○ Ich lese am liebsten.

- • Was kannst du am besten?
- ○ Ich kann am besten schwimmen.

GRAMMATIK
mit den Deutschprofis

groß, größer, am größten

klein	kleiner	am kleinsten
schnell	schneller	am schnellsten
ruhig	ruhiger	am ruhigsten
groß	größer	am größten
stark	stärker	am stärksten
lang	länger	am längsten
hoch	höher	am höchsten
alt	älter	am ältesten
kalt	kälter	am kältesten
gut	besser	am besten
gern	lieber	am liebsten
viel	mehr	am meisten

Vergleiche mit wie und als

Ich bin so alt wie meine Freundin.
Meine Freundin ist größer als ich.

Ich renne genauso schnell wie du.
Du schwimmst schneller als ich.

Verben auf -ieren im Perfekt

fotografieren – hat fotografiert
korrigieren – hat korrigiert
organisieren – hat organisiert
ausprobieren – hat ausprobiert

🔍 Was fehlt bei diesen Verben?

SPIELWIESE

D-A-CH-Superlative

In D-A-CH gibt es viele Seen, große und kleine. Der Bodensee ist mit 539 km² am größten. Er grenzt an alle drei Länder.

Die älteste Stadt von Deutschland ist Trier. Ihre Grundmauern stammen noch aus dem Römischen Reich und sind mehr als 2000 Jahre alt.

Die größten Städte in Deutschland sind Berlin, Hamburg und München. Hamburg (1,7 Mio. Einwohner) ist größer als München (1,3 Mio. Einwohner). Und Berlin ist mit 3,4 Millionen Einwohnern am größten.

Von allen Flüssen auf der Erde ist der Amazonas am längsten (6400 km). Und von allen Flüssen, die durch Deutschland und Österreich fließen, ist die Donau am längsten. Sie ist 2888 km lang.

Die höchsten Berge liegen in Nepal. Der Mount Everest ist mit 8848 m der höchste Gipfel auf unserem Planeten. Die höchsten Berge in D-A-CH sind die Alpen. Die Dufourspitze in den Schweizer Alpen ist mit 4634 m am höchsten. Am bekanntesten ist aber das Matterhorn (4478 m).

PROJEKT Welche Superlative gibt es in eurem Land? Macht ein Plakat.

WIE GEHT'S DENN SO? 4

1 a. RAP Hört zu. Lest und rappt mit. Zeigt dabei die Tätigkeiten.

1.15

In die Hände klatschen – das ist wichtig.
Mit den Füßen stampfen – aber richtig.
Mit den Fingern schnipsen – das machst du toll.
Mit den Augen zwinkern – ja, das ist wundervoll!
Auf den Rücken klopfen – das fühlt sich gut an.
Mit den Schultern zucken – bis man nicht mehr kann.

Das lernst du:
über Gefühle und Befinden sprechen · ein Arztgespräch verstehen · Regeln und Verbote formulieren

b. Welche Körperteile kennt ihr noch? Sammelt.

c. SPIEL Klopfmassage: Klopf leicht auf einen Körperteil. Dein/e Mitschüler/in sagt das Wort.

siebenunddreißig **37**

ES GEHT MIR GUT!

2 a. Hör zu. Zeig auf dem Bild. Sprich nach. 🔊 2
🔈 1.16

b. Zeig und sag die Körperteile. Wer kann es ohne Fehler?

c. **SPIEL** Malt zu dritt ein Bild. Faltet das Blatt auseinander. Wie findet ihr es?

> Der Hals ist zu kurz.

> Die Beine sind zu …

3 a. Hör die Dialoge. Welches Bild passt? 🔊 3, 4
🔈 1.17

A    B    C

b. Spielt die Dialoge.

- Hallo, …, wie geht's dir?
- Gut. Und dir?
- Nicht so gut. Mein/e … tut weh.

- Hallo, …, hallo, …! Wie geht's euch?
- Super. Und dir?
- Es geht. Ich habe ein bisschen …schmerzen.

- Guten Morgen, Frau / Herr … Wie geht es Ihnen?
- Danke, gut. Und dir, …? Du warst gestern nicht in der Schule.
- Ich hatte …schmerzen. Aber heute geht es mir besser.

4 **SPIEL** Geht im Klassenzimmer herum. Fragt und antwortet.

ERKÄLTET? DAS HILFT!

Hatschi!
Gesundheit!

**Husten, Schnupfen, Halsschmerzen? Du hast eine Erkältung.
Mit diesen Tipps wirst du schnell wieder gesund.**

1. Bei einer Erkältung schwitzt du viel und dein Körper verliert Wasser. Du musst die Flüssigkeit deinem Körper zurückgeben. Trink Tee!
2. Oft fühlt man sich ziemlich schlapp. Hör auf deinen Körper, er braucht Ruhe. Viel Schlaf ist bei Erkältung eine gute Medizin.
3. Ist dir warm? Dann miss deine Körpertemperatur. Zwischen 37,5 und 38 Grad hast du erhöhte Temperatur. Wenn das Thermometer über 38 Grad zeigt, hast du Fieber. Kalte Wadenwickel helfen.
4. Wenn du heißen Wasserdampf einatmest, werden deine Atemwege frei und du hustest nicht so viel. Ein paar Tropfen Kamille oder Eukalyptus machen auch die Nase frei.
5. Ist deine Erkältung nach einer Woche nicht besser? Hast du Kopfschmerzen oder über 39 Grad Fieber? Dann musst du zum Arzt gehen.

5

a. Lies die Tipps. Bring die Überschriften in die richtige Reihenfolge. Ergänze das Lösungswort mit den Buchstaben. 5

S Viel schlafen   G Zum Arzt gehen   R Fieber messen   E Genug trinken   N Inhalieren

Lösung: GUTE B S E U N !
              1. 2. 3. 4. 5.

b. Was passt zusammen?

Ich bin erkältet.   Ich habe Fieber.
Mir ist warm.   Ich habe eine Erkältung.
Ich fühle mich schlapp.   Meine Nase läuft.
Ich habe Schnupfen.   Ich habe keine Energie.

6

a. Richtig sprechen: Hör zu. Such die Wörter mit pf und z, tz, ts. Hör noch einmal und sprich nach. 1.18

- Kopfschmerzen, Halsschmerzen, Zahnschmerzen! Au!
- Du brauchst Kamillentropfen. Genau!
- Bauchschmerzen, Schnupfen … Ich huste und schwitze.
- Geh doch zum Arzt. Du brauchst eine Spritze!
- Nein, keine Spritze! Mir tut gar nichts weh. Ich ess' einen Apfel und trink' heißen Tee. Hatschi!

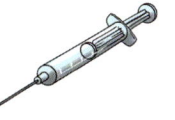

b. Spielt das Gespräch. Sprecht schwierige Wörter ganz langsam.

ICH BIN FROH, WENN ...

7 a. Gute Laune oder schlechte Laune? Sortiert die Smileys.

b. Welches Smiley passt? Malt und schreibt. Macht ein Plakat.

> Ich weine.
> Ich lache.
> Ich bin traurig.
> Ich bin froh.
> Ich bin wütend.
> Ich habe Angst.

8 a. Seht die Fotos an. Welche Laune haben die Kinder? 6, 7

Bea

Jonas

Laura

b. Warum sind sie froh oder traurig? Sammelt Ideen.

- … ist froh, weil sie … trifft.

1.19 c. Hört die Aussagen. Vergleicht mit euren Ideen.

d. Hört noch einmal. Was passt zusammen?

Bea ist manchmal traurig,	wenn sie krank ist und zu Hause bleiben muss.
Aber sie lacht,	wenn seine Oma zu Besuch kommt.
Jonas hat Angst,	wenn sie ihre beste Freundin trifft.
Er ist froh,	wenn er einen Test schreiben muss.
Laura hat gute Laune,	wenn sie in Mathe eine gute Note bekommt.
Manchmal ist sie wütend,	wenn sie mit ihren Geschwistern streitet.

9 a. Wann hast du gute Laune? Wann hast du schlechte Laune? Ordne zu und bilde Sätze.

Ich habe Ferien.
Ich bekomme eine schlechte Note.
Ich habe keine Hausaufgaben.
Ich bin krank.
Ich treffe meine Freunde.
Ich streite mit meinem Freund / meiner Freundin.
Ich gehe zu einer Geburtstagsparty.

Wenn ich nicht gewinne, bin ich wütend.

- Ich habe gute Laune, wenn ich Ferien habe.
- Ich habe schlechte Laune, wenn …

b. Formuliere die Sätze um.

- Wenn ich Ferien habe, habe ich gute Laune.

10 **SPIEL** Satzpuzzle: Schreibt fünf wenn-Sätze auf Karten. Schneidet sie in zwei Teile. Die andere Gruppe fügt die Sätze zusammen.

Ich bin wütend,   wenn ich mein Zimmer aufräumen muss.

11 **PROJEKT** Gestaltet eine Sonnenblume. Macht eine Ausstellung in der Klasse.

Ich bin froh,
wenn die Sonne scheint.
wenn ich meine Lieblingsmusik höre.

AU, DAS TUT WEH!

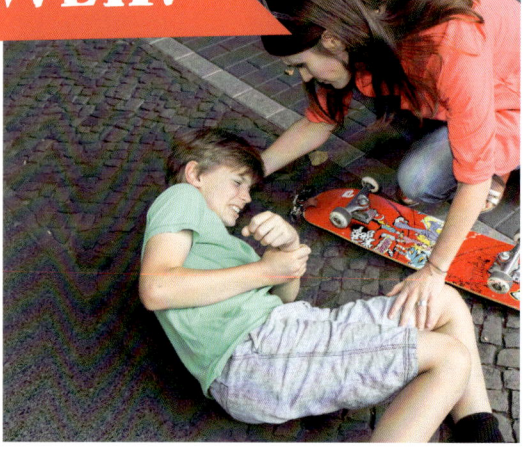
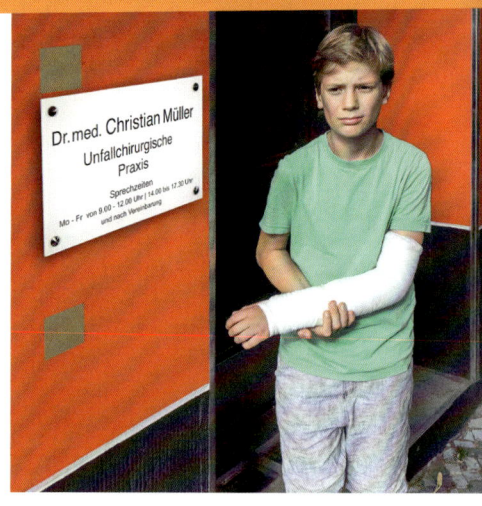

12 **a. Was ist mit Tobias passiert? Ordnet und ergänzt die Wörter. Beschreibt die Fotos.**

> tut weh • skatet •
> hilft • geht zum Arzt •
> fällt hin

🔊 1.20 **b. Hör das Gespräch. Wo ist das? Wer spricht?**

c. Hör noch einmal. Was ist richtig? Wähl aus.

1. Tobias hat   a. den Arm gebrochen.   b. den Finger gebrochen.
2. Tobias hat   a. keine Schmerzen.   b. starke Schmerzen.
3. Er muss   a. ins Krankenhaus.   b. nicht ins Krankenhaus.
4. Der Arzt verschreibt a. eine Salbe.   b. Tabletten gegen die Schmerzen.
5. Tobias darf   a. zwei Monate   b. zwei Wochen keinen Sport machen.

13 **Was darf Tobias nicht machen? Was muss er / kann er machen? Bilde Sätze.** 🔖 10, 11

				Sport machen.
		darf nicht		einen Verband tragen.
Tobias	+	muss	+	regelmäßig zum Arzt gehen.
		kann		in die Schule gehen.
		kann nicht		skaten.
				den Arm bewegen.

14 **Hattest du schon mal einen Unfall? Erzähle.** 🔖 12, 13

- Das ist letzte Woche / letzten Monat / letztes Jahr / im Winter / … passiert.
  Ich bin … gefahren / gerannt / geskatet. Ich bin … hingefallen.
  Ich habe meinen Fuß / Arm / mein Bein / … verletzt. Ich hatte (starke) Schmerzen.
  Ich war im Krankenhaus / beim Arzt.
  Ich habe … Wochen / Monate keinen Sport gemacht.

15 a. Lies die Regeln. Ordne die Überschriften zu.

Nicht zu schnell!   Nie ohne Schutzausrüstung!
Erst üben, dann fahren!   Nicht allein!
Nicht auf der Straße!

INLINESKATEN – ABER SICHER

1 _____ Zuerst müsst ihr die Fahrtechnik lernen und auf den Rollen sicher stehen, erst dann dürft ihr auf öffentlichen Wegen fahren. Macht am besten einen Kurs.

2 _____ Kinder unter zwölf Jahren dürfen nur in Begleitung von über 16-Jährigen fahren.

3 _____ Inlineskates sind keine Fahrräder – man darf mit ihnen also nicht auf der normalen Straße fahren. Ihr dürft nur auf Gehwegen, Radwegen und Wohnstraßen fahren.

4 _____ Richtig schnell fahren könnt ihr nur, wenn ihr bei einem Inlineskate-Rennen mitmacht. Auf Gehwegen dürft ihr nicht viel schneller sein als die Fußgänger.

5 _____ Skater mit kurzer Hose, ohne Schützer und ohne Helm sind keine Vorbilder. Ein Sturz kann immer passieren – und Asphalt ist sehr hart. Ohne Schutzausrüstung läuft gar nichts! Auch langärmelige Jacken und lange Hosen schützen vor Verletzung.

b. Lies noch einmal. Was muss man machen? Was darf man nicht machen?

- Man darf nicht ohne Helm fahren.
- Man muss …

c. Was hat Tobias falsch gemacht?

> Er hatte keinen …

> Er ist … gefahren.

16 Wählt eine Sportart. Formuliert 2–3 Regeln für Anfänger. 14, 15, 16

- Wenn man Schlittschuh läuft, darf man nicht …
- Wenn man reitet, muss man …

PROFISEITE

17 a. SATZMODELLE Clip

Wenn	wir	Ferien	haben,	liegen	wir	im Park.
Wenn	wir	Ferien	haben,	baden	wir	im See.
Wenn	wir	Ferien	haben,	machen	wir	Party.
Wenn	wir	Ferien	haben,	müssen	wir	nicht	lernen.

Wir müssen nicht lernen, wenn wir Ferien haben.

b. Bau Sätze. Variiere.

1. schlechte Laune • Lukas • eine schlechte Note • wenn • hat • in Deutsch • er • bekommt
2. froh • Lisa • wenn • viel Freizeit • sie • ist • hat
3. die Kinder • einen lustigen Film • lachen • wenn • sie • sehen
4. weint • Bea • ein trauriges Buch • sie • gelesen • wenn • hat
5. wenn • wütend • Carla • ihre Schwester • ist • nicht • das Zimmer • aufräumt

c. Lies die Sätze vor. Mach vor *wenn* immer eine kleine Pause.

DAS KANNST DU SCHON!

- Wie geht's dir?
- Nicht so gut. Mein Bauch tut weh.

- Wie geht's euch?
- Super. Und dir?
- Es geht. Ich habe Kopfschmerzen.

- Wie geht es Ihnen?
- Danke, gut.

- Was fehlt dir?
- Ich habe Husten.
  Ich habe Schnupfen.
  Ich habe eine Erkältung.
  Ich habe Fieber.
  Ich fühle mich schlapp.

- Wenn ich krank bin, habe ich schlechte Laune.
- Wenn ich meine Freunde treffe, bin ich froh.

- Du darfst nicht Fußball spielen.
- Ihr dürft hier nicht skaten.
- Man darf nicht zu schnell fahren.

GRAMMATIK
mit den Deutschprofis

dürfen

ich	darf	keinen Sport machen
du	darfst	nicht aufstehen
er / sie / es	darf	kein Eis essen
wir	dürfen	spielen
ihr	dürft	nicht mitkommen
sie	dürfen	nach Hause gehen

 Welche Verbformen sind gleich?

wenn-Satz

Bea ist froh,	wenn	sie	zu Oma und Opa	fährt.
Laura lacht,	wenn	sie	ein Comic	liest.
Jonas hat schlechte Laune,	wenn	er	mit seiner kleinen Schwester	spielen muss.

Wenn Laura ein Comic liest, lacht sie.

SPIELWIESE

TRICK Probiert die Entspannungstricks aus. Welcher Trick funktioniert am besten?

Schulter hoch und runter

Setz dich bequem hin und atme ruhig. Zieh beim Einatmen die Schulter hoch und lass sie beim Ausatmen wieder sinken. Danach ist dein Kopf wieder klar.

Mit den Händen atmen

Setz dich locker hin, leg die Hände und die Unterarme auf den Tisch. Schließ die Augen. Atme ruhig und regelmäßig. Dreh beim Einatmen die Handflächen nach oben und beim Ausatmen wieder nach unten. Mach die Übung drei bis vier Minuten.

Spür den Atem!

Setz dich locker und bequem hin und schließ die Augen. Leg beide Hände auf den Bauch. Atme ruhig und spüre, wie sich dein Bauch hebt und senkt. Leg nun deine Hände auf die Brust und atme ruhig ein und wieder aus. Zum Schluss legst du deine Hände wieder auf den Bauch und atmest dorthin, wo die Hände liegen.

Wach auf!

Wenn du müde bist, dann hilft diese Übung. Setz dich locker hin, leg Handfläche an Handfläche und reibe deine Hände so lange, bis sie heiß werden. Schließ dann die Augen und leg die Hände für zwei bis drei Minuten über deine Augen. Atme ruhig ein und aus. Wiederhol die Übung fünf bis sechs Mal.

das Springseil

der Zauberwürfel

die Spielkonsole

die Modelleisenbahn

FRÜHER UND JETZT

5

das Schachspiel

das Jo-Jo

das Brettspiel „Mensch ärgere dich nicht"

1

🔊 1.21

a. Hört zu. Sucht das Bild. Was kennt ihr? Was möchtet ihr ausprobieren? 1, 2

- Ich habe noch nie … gespielt.
- Ich habe zu Hause auch ein/e/n …

b. Was denkt ihr: Wie lange gibt es die Spiele schon? Welches ist das älteste Spiel? Vergleicht.

- Ich denke, … ist älter als …
- Vielleicht ist … am ältesten.

c. Welche Spiele sind bei euch beliebt?

Das lernst du:
Alltagsgegenstände benennen · Meinungen wiedergeben · Hoffnung und Bedauern ausdrücken · Gründe angeben

siebenundvierzig **47**

LEBEN OHNE HANDY UND COMPUTER

2 Lies den Aufruf. Was müssen die Schüler machen?

SCHREIBWETTBEWERB

Wie haben eure Großeltern ihre Schulzeit erlebt? Welche Spiele haben sie gespielt? War das Leben ohne Handy und Computer nicht langweilig?
Fragt sie, wie das Leben früher war. Macht Interviews und schreibt die Geschichten auf.
Einsendeschluss: 30. März
Unter den Teilnehmern verlosen wir tolle Preise. Die besten Texte zeigen wir im Internet.

3 Florian und Annika interviewen ihre Großmutter. Hör zu und ordne die Fragen. 3

1.22
- A Was war dein Lieblingsspielzeug?
- B Waren die Spiele früher anders als heute?
- C Wie war das Leben früher?
- D Hattest du Freizeit?
- E Was habt ihr gespielt?
- F Was hast du früher gelesen?

4 a. Was denkt ihr: Welche Geräte hatte die Großmutter früher? 4, 5

der Fernseher
die Waschmaschine
das Telefon
der Kühlschrank
das Radio

Sie hatte vielleicht ein …

Sie hatte bestimmt keinen …

1.23 **b. Hört den zweiten Teil. Habt ihr richtig geraten?**

c. Hör noch einmal. Ergänze die Sätze.

1. Frau Baumann erzählt, dass sie erst mit 16 ein eigenes _____ hatte.
2. Florian hatte keine Ahnung, dass seine Oma als Kind keinen _____ hatte.
3. Frau Baumann findet, dass das _____ früher sehr wichtig war.
4. Annika findet es schade, dass die Kinder von heute wenig _____ hören.
5. Annika ist überrascht, dass ihre Oma die _____ nicht angerufen hat.
6. Florian ist froh, dass er am _____ spielen kann.

5 a. Schreib drei Sätze auf Zettel. 6, 7

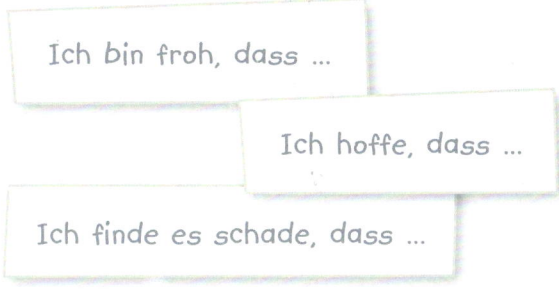

Ich bin froh, dass …

Ich hoffe, dass …

Ich finde es schade, dass …

in 20 Jahren auf den Mond fliegen • einen Computer haben • mit Handys lernen • mit … spielen können • immer viel Freizeit haben • …

b. Macht drei Plakate: Lest eure Sätze vor und klebt die Zettel auf die Plakate.

6 a. Du reist mit der Zeitmaschine 300 Jahre zurück. Was nimmst du mit? Warum? Du darfst nur 2 Geräte auswählen. 8

	ich	Mitschüler/in 1	Mitschüler/in 2
der Fernseher			
das Radio			
der Laptop			
das Tablet			
das Handy			
die Spielkonsole			
der MP3-Player			
…			

b. Frag zwei Mitschüler und berichte.

● Eva hat gesagt, dass sie … mitnimmt.

Ich nehme mein Skateboard mit, weil ich nicht gern zu Fuß gehe.

WIE WAR ES FRÜHER?

7 a. Lies, was die Schüler herausgefunden haben. Welches Foto passt? 9, 10, 11

Mein Opa ist auf einem Bauernhof groß geworden. Morgens wollte er immer schlafen, aber er musste jeden Tag früh aufstehen und die Kühe füttern. Er und seine Geschwister mussten die ganze Woche auf dem Hof helfen, nur sonntags durften sie mit den Nachbarskindern spielen. Emil

Meine Oma hat mir erzählt, dass die Lehrer in der Schule viel strenger waren als heute. Die Schüler mussten ganz ordentlich sitzen. Die Hände waren auf dem Tisch, die Füße mussten zusammen stehen und die Kinder mussten immer dem Lehrer in die Augen sehen. Das war bestimmt sehr anstrengend. Anna-Lena

Mein Opa und seine Familie hatten ein großes Haus, aber sie hatten damals kein Bad und keine Toilette. Im Garten war ein Klohäuschen und sie mussten auch im Winter hinausgehen. Zum Baden hat man in einer großen Schüssel Wasser auf dem Herd aufgewärmt und dann musste sich jeder ordentlich waschen. Paul

Meine Oma hat gesagt, dass die Mädchen früher immer Röcke oder Kleider tragen mussten. Im Winter hat sie oft gefroren. Früher hatten die Schulen keine Schulbusse, die Kinder konnten nicht zur Schule fahren. Sie mussten bei jedem Wetter zu Fuß zur Schule gehen. Isabel

b. Wie war das Leben früher? Lies noch einmal und ordne zu.

Emils Opa	musste	nur sonntags mit Freunden spielen.
Anna-Lenas Oma	durfte	zum Waschen Wasser aufwärmen.
Pauls Opa	konnte	morgens länger schlafen.
Isabels Oma	wollte	auch im Winter einen Rock tragen.

nicht mit dem Bus zur Schule fahren.
jeden Morgen die Kühe füttern.
in der Schule keinen Quatsch machen.
früh aufstehen.

c. Was ist heute anders? Sprecht darüber.

> Heute dürfen Mädchen …

> Heute kann man …

8 **Richtig sprechen: Hört zu und achtet auf die Endung -en: -e fällt immer weg.**

🔊 1.24

Gestern war einfach alles blöd.
Hausaufgaben machen? – Das wollten wir nicht.
Mit Freunden spielen? – Das durften wir nicht.
Baden gehen? – Das konnten wir nicht. Mitten im Winter.
Schreiben üben? – Das wollten wir nicht.
Schlafen gehen? – Das wollten wir nicht.
Und dann mussten wir auch noch aufräumen
und die Schultasche packen
und die Zähne putzen. Brrr!
Aber heute machen wir nur Quatsch! Seid ihr dabei?
Jaaaaaa!

b. Hört noch einmal und sprecht nach. Lest dann vor.

9 **SPIEL** **Schreibt Aktivitäten auf Karten. Macht zwei Stapel und dreht die Karten um. Zieht eine Karte von jedem Stapel und bildet Sätze wie im Beispiel.**

ins Kino gehen

lernen

- Ich wollte gestern ins Kino gehen, aber ich konnte nicht. Ich musste lernen.

Maja wollte Fasching feiern, aber sie konnte nicht. Sie musste im Bett bleiben.

LEBEN AUF DEM BAUERNHOF

10 a. Leben auf dem Bauernhof: Was passt eurer Meinung nach dazu? Wählt aus. 12

> Haustiere • Äpfel und Möhren • Milch • Arbeit • Ärztin • Laden • Stadt • Käse • U-Bahn • Schwimmbad • Markt

 b. Lest den Text. Macht einen Steckbrief von Hannah.

ICH HABE EINE LIEBLINGSKUH

Hannah, 10, wohnt auf einem Bauernhof. Deshalb weiß sie auch, wie man Brot backt, Kartoffeln erntet und wie sie ihre Kühe erkennen kann.

Viele Kinder haben ein oder zwei Haustiere. Ich aber habe 195 Tiere. Ich lebe auf einem Bauernhof, zusammen mit 180 Kühen, vier Schweinen, fünf Katzen, vier Pferden, einem Hund und einem Kaninchen – und meiner Familie natürlich. Dazu zählen meine Eltern und fünf Geschwister.

Vormittags besuche ich die fünfte Klasse einer Realschule im bayerischen Günzburg. Und nachmittags gehe ich zum Turnen, spiele Querflöte oder bin auf dem Hof.

Viele Leute aus der Stadt machen Ferien auf einem Bauernhof. Doch für meine Familie ist das Leben hier harte Arbeit. Jeder muss anpacken, ich helfe meinen Eltern und meinen Geschwistern. Das finde ich manchmal doof, wenn ich lieber mit meinen Freunden in die Eisdiele gehen würde.

Aber ich füttere gern die Tiere. Den Kälbchen gebe ich Milch aus einem Eimer. Auch dem Kaninchen und den Pferden gebe ich Heu, Äpfel und Möhren.

Ich kenne einige unserer Kühe mit Namen. Jede sieht anders aus. Das Fell ist schwarz, weiß oder braun und die Flecken haben eine unterschiedliche Form. Eine Kuh hat zum Beispiel ein schwarzes Herz auf der weißen Stirn: Das ist „Rosalie", meine Lieblingskuh.

Kühe geben den Menschen Milch. Das ist wichtig. Unsere Milch verkaufen wir an Firmen, die Joghurt oder Käse herstellen.

Einmal in der Woche backe ich Brot mit meiner Mama. Das Brot verkaufen wir in unserem Hofladen oder samstags auf dem Bauernmarkt. Ich mag den Markt, weil ich dort andere Kinder treffe. Dafür stehe ich am Samstag früher als sonst auf.

Mittlerweile hat sich in meiner Klasse herumgesprochen, dass ich Pferde habe. Seitdem kommen immer wieder Schulfreundinnen zu uns. Ich zeige meinen Freundinnen den Hof. Und dann reiten und spielen wir zusammen.

Ob ich später einen Bauernhof haben werde, weiß ich noch nicht. Vielleicht werde ich ja auch mal Ärztin oder Apothekerin. Doch eines ist klar: Ein paar Tiere werde ich sicher immer haben.

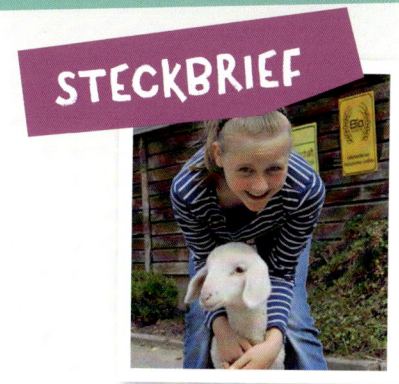

Name:	Hannah
Alter:	
Familie:	
Schule:	
Lieblingstier:	
Hobbys:	
Berufswunsch:	

c. Lest noch einmal. Sucht die Antworten auf die Fragen.

1. Welche und wie viele Tiere gibt es auf dem Bauernhof?
2. Was muss Hannah auf dem Bauernhof machen?
3. Warum mag Hannah den Markt am Samstag?
4. Was machen Hannahs Schulfreundinnen auf dem Bauernhof?

d. Wie gefällt euch das Leben auf dem Bauernhof?

> Mir gefällt, dass es … gibt.

> Ich finde es …, dass man viel helfen muss.

Ich gebe dem Tiger einen Apfel.

11 Was passt zusammen? Bilde Sätze. 🔗 13

Hannah + gibt / zeigt / hilft + dem Hund / der Katze / dem Kaninchen / den Pferden / den Freundinnen / den Eltern und Geschwistern. + den Hof. / Milch. / Heu, Äpfel und Möhren. / Futter.

12 SPIEL Wem gibst du was? Lies die Beispiele. Würfle zweimal. Dein/e Mitschüler/in reagiert. 🔗 14, 15

	⚀	⚁	⚂	⚃	⚄	⚅
1	der Hund	die Katze	das Kaninchen	das Pferd	das Schwein	die Tiere
2	Milch	Äpfel	Heu	Möhren	Salat	Futter

- ● Ich gebe der Katze Heu.
- ○ Das schmeckt ihr nicht.

- ● Ich gebe dem Hund …
- ○ Das schmeckt ihm.

- ● Ich gebe den Tieren …
- ○ Das schmeckt ihnen.

PROFISEITE

13 Du bekommst von einem Freund aus Deutschland diese E-Mail. Antworte auf die E-Mail.

> Liebe/r ...,
>
> gestern bin ich aus den Ferien zurückgekommen. Ich war mit meinen Eltern und Geschwistern auf einem Bauernhof in Österreich. Wir haben ganz viel draußen gespielt und ich habe jeden Tag die Kaninchen gefüttert. Wir durften auch reiten und mit dem Hund spazieren gehen. Das Wetter war gut, aber in den Bergen war es nicht sehr warm.
>
> Was hast du in den Ferien gemacht? Schreib mir bald.
>
> Viele Grüße
>
> Benjamin

Schreib 30–40 Wörter. Schreib zu allen drei Punkten.

- Wo warst du in den Ferien?
- Was hast du dort gemacht?
- Frag Benjamin, wann er dich besucht.

DAS KANNST DU SCHON!

- • Wie war das Leben früher?
- ○ Das Leben war nicht leicht.
  Wir hatten keine Waschmaschine.
  Wir mussten früh aufstehen.
  Wir durften nicht so viel spielen.

- • Ich finde es schade, dass wir nicht auf der Straße spielen können.
- • Ich hoffe, dass ich immer so viel Freizeit habe.

- • Was hast du gestern gemacht?
- ○ Ich wollte ins Kino gehen, aber ich konnte nicht. Ich musste lernen.

- • Was gibst du dem Hund?
- ○ Ich gebe ihm Wasser.

- • Was gibst du dem Pferd?
- ○ Ich gebe ihm Heu.

- • Was gibst du der Katze?
- ○ Ich gebe ihr Milch.

- • Was gibst du den Tieren?
- ○ Ich gebe ihnen Futter.

GRAMMATIK
mit den Deutschprofis

Modalverben im Präteritum

	wollen	können	müssen	dürfen
ich	wollte	konnte	musste	durfte
du	wolltest	konntest	musstest	durftest
er/sie/es	wollte	konnte	musste	durfte
wir	wollten	konnten	mussten	durften
ihr	wolltet	konntet	musstet	durftet
sie	wollten	konnten	mussten	durften

dass-Satz

Florian ist froh,	dass	er	einen Computer	hat.
Seine Oma erzählt,	dass	sie	in der Schule viel	lernen musste.
Annika ist überrascht,	dass	ihre Oma	oft Radio	gehört hat.

Dativ

Ich helfe …

dem Vater	dem Kind	der Mutter	den Geschwistern
dem Hund	dem Pferd	der Katze	den Tieren
ihm	ihm	ihr	ihnen

SPIELWIESE

🔊 1.25 **LIED** Hört das Lied. Singt mit. Erfindet neue Strophen.

Meine Oma fährt im Hühnerstall Motorrad

1. Meine Oma fährt im Hühnerstall
Motorrad, Motorrad, Motorrad.
Meine Oma fährt im Hühnerstall Motorrad,
ohne Hupe, ohne Bremse, ohne Licht.

2. Meine Oma fährt im Kuhstall mit dem Auto,
mit dem Auto, mit dem Auto.
Meine Oma fährt im Kuhstall mit dem Auto,
ohne Hupe, ohne Bremse, ohne Licht.

3. Meine Oma fährt im Keller mit dem Fahrrad,
mit dem Fahrrad, mit dem Fahrrad.
Meine Oma fährt im Keller mit dem Fahrrad,
ohne Klingel, ohne Bremse, ohne Licht.

4. … im Garten mit der U-Bahn

5. … im Schwimmbad mit dem Traktor

6. … in der Schule mit den Schlittschuh'n

SPIEL Wer findet noch drei Ausreden?

> Es tut mir sehr leid,
> aber ich konnte nicht zur Schule kommen,
>
> weil mein Wecker nicht geklingelt hat.
> weil ich mein Fahrrad nicht reparieren konnte.
> weil es ganz viel geschneit hat.
> weil ich plötzlich starke Schmerzen hatte.
> weil ich meinen Hund nicht allein lassen konnte.
> weil ich auf meine kleine Schwester aufpassen musste.
> weil …
> weil …
> weil …
> weil ich keine Lust hatte.

AUF KLASSENFAHRT

6

Das lernst du:
Sehenswürdigkeiten · nach dem Weg fragen und den Weg erklären · den Ort angeben · höfliche Fragen stellen · etwas bewerten

1

a. **RÄTSEL** Seht das Foto an. Hört zu. 🔗 1, 2
🔊 1.26

b. Was findet ihr auf dem Foto? Zeigt und sprecht.

der Platz	die Straßen	das Rathaus	der Park
der Dom	die Häuser	die Brücke	der Fluss
der Turm	die Kirche	die Burg	der Berg

● Das sind Häuser.   ○ Das ist eine …   ■ Nein, ich glaube, das ist …

c. Gefällt dir die Stadt? Warum?

● … ist grün.   ● Sie liegt am …   ● Es gibt …

siebenundfünfzig 57

WIR ENTDECKEN DIE STADT

Mozarts Geburtshaus

die Festung Hohensalzburg

der Dom

das Festungsmuseum

der Souvenirladen

die Getreidegasse

das Schlafzimmer

der Brunnen

das Haus der Natur

die Orgel

das Schloss Hellbrunn

die Weltraumhalle

2 BILDERRÄTSEL a. Was passt zusammen? Sucht die Paare.

b. Was möchtet ihr sehen oder besuchen? Warum?

• Ich möchte Mozarts Geburtshaus sehen, weil ich die Musik von Mozart mag.

3 a. Lies die Anzeigen und vergleiche mit dem Tagebuch. Welche passt? 3, 4

A
Salzburg für Kinder

Vom Schiff die Altstadt entdecken, das Spielzeugmuseum besichtigen und die mittelalterliche Burg erleben – all das bieten wir unseren jüngsten Besuchern.

3 Tage ab **78,– €**

B
SCHULKLASSEN ENTDECKEN EINE DER SCHÖNSTEN STÄDTE EUROPAS!

Zwischen Mozart und Pralinen, zwischen Geschichte und Natur, mit Spiel und Spaß – inklusive Busfahrt und Ausflügen

4 Tage schon ab **134,– €**

KLASSENTAGEBUCH: Unsere Klassenfahrt nach Salzburg

Letzte Woche war es endlich so weit: Unsere Klasse ist ins Schullandheim nach Salzburg gefahren. Wir haben viel erlebt!

MITTWOCH, 4. MAI
Nach 3 Stunden Fahrt sind wir um 11 Uhr im Schullandheim angekommen. Wir haben unsere Zimmer angeschaut und unsere Sachen ausgepackt. Viel Zeit hatten wir nicht. Eine Stunde später sind wir wieder in unseren Bus gestiegen und in die Stadt gefahren. Dort haben wir eine Stadtrallye gemacht. Dabei haben wir den Dom gesehen und sind durch das Stadtzentrum gelaufen. Einige haben von ihrem Taschengeld Mozartkugeln gekauft. Die sind total lecker – mit Marzipan!

DONNERSTAG, 5. MAI
Wir haben einen Ausflug zum Schloss Hellbrunn gemacht. Das Schloss ist berühmt für seine lustigen Wasserspiele. Aus allen Richtungen kommt Wasser. Klara und Lukas sind ganz nass geworden, das war lustig. Nach der Führung im Park haben wir auch das Schloss besichtigt. Wir durften Kostüme von Prinzen und Prinzessinnen anprobieren. Das hat sehr viel Spaß gemacht. Wir haben auch kleine Souvenirs bekommen. Am Abend haben wir Würstchen gegrillt und Geschichten erzählt.

FREITAG, 6. MAI
Am Vormittag durften wir spielen. Einige haben Fußball oder Tischtennis gespielt, die anderen haben Karten gespielt. Am Nachmittag konnte man wählen: Eine Gruppe ist in Mozarts Geburtshaus gegangen und hat dort Mozarts Kinderinstrumente besichtigt und Musik aus der Oper „Die Zauberflöte" gehört. Den Text haben wir nicht immer verstanden, aber die Musik war sehr schön. Die andere Gruppe hat eine Führung im Haus der Natur gemacht und viel über Fische und Reptilien gelernt.

SAMSTAG, 7. MAI
Wir mussten um 7 Uhr aufstehen und unsere Zimmer aufräumen. Unsere Klassenfahrt war leider zu Ende und wir sind mit dem Bus wieder nach Hause gefahren. Unterwegs haben wir Fotos angeschaut und viel gelacht! Die Klassenfahrt war super.

b. Lies noch einmal. Was ist richtig? Wähl aus.

1. Die Schüler haben im März Salzburg besucht.
2. Sie haben in der Stadt viel erlebt.
3. Am ersten Tag haben sie leckere Mozartkugeln bekommen.
4. Am Freitag haben alle das Mozarthaus besichtigt.
5. Die Schüler haben die „Zauberflöte" gehört, aber den Text nicht immer verstanden.

4 SPIEL Was habt ihr auf der letzten Klassenfahrt / beim letzten Ausflug gemacht? Würfle und sag einen Satz. 5, 6

besuchen	besichtigen	verstehen	erleben	bekommen	erzählen

neunundfünfzig 59

WIE KOMMEN WIR ZUM ...?

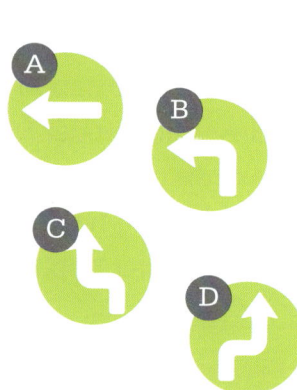

Wie komme ich zur Burg?

5 a. Sieh den Stadtplan an.
Wo beginnt und wo endet die Stadtrallye? 7, 8, 9

🔊 1.27 **b.** Hör zu. Wohin wollen die Schüler? Ergänze die Fragen.

1. Wie kommen wir zum _____?
2. Wo ist das _____?
3. Wie komme ich zum _____?
4. Wie kommen wir zur _____?

c. Lies die Antworten. Welches Symbol passt?

- ☐ Geht zuerst geradeaus bis zum Park und dann nach links.
- ☐ Geh hier nach links bis zur Kirche.
- ☐ Geh geradeaus, dann nach rechts und dann wieder geradeaus.
- ☐ Geht geradeaus, dann nach links und am Museum rechts.

A ← B ↰ C ↱ D ↱

d. Hört noch einmal. Spielt dann Dialoge.

- Entschuldigen Sie, wie komme ich …?
- Das ist ganz einfach. Geh …
- Also zuerst …, dann … und dann wieder …
- Genau.

6 Wo ist das? Hör zu. Zeig auf dem Bild. 🔟

🔊 1.28

Über der Brücke fliegt ein Flugzeug.
Im Flugzeug sitzt ein Pilot.
Auf der Brücke steht ein Auto.
Unter der Brücke fährt ein Schiff.
Am Fluss steht ein Denkmal.

Vor dem Denkmal stehen drei Kinder.
Hinter dem Denkmal sind zwei Bäume.
Zwischen den Bäumen steht eine Bank.
Neben der Bank liegt ein Hund.
Kennt ihr ihn?

7 a. Wo ist was in Salzburg? Such auf dem Plan. 11

1. Wo liegt Mozarts Geburtshaus?   a. in der Getreidegasse   b. hinter dem Theater
2. Wo ist der Mirabellgarten?   a. vor dem Schloss   b. am Rathaus
3. Wo ist die Franziskaner Kirche?   a. neben dem Dom   b. neben dem Haus der Natur
4. Wo ist das Alte Rathaus?   a. an der Brücke   b. auf dem Mozartplatz
5. Wo steht der Springbrunnen?   a. auf dem Mönchsberg   b. zwischen der Kirche und dem Denkmal

b. SPIEL Sucht eine Sehenswürdigkeit auf dem Stadtplan. Sagt, wo es ist. Die anderen raten.

- ● Es steht auf dem …platz.
- ○ Der Dom.
- ● Ja, richtig.
- ○ Es ist zwischen dem … und der …
- ● Das Denkmal.
- ○ Nein, falsch.

8 RAP Hört zu. Lest und rappt mit. 12

🔊 1.29

In der Schule, im Park und zu Hause,
am Bahnhof und auch im Café,
auf dem Marktplatz, am Fluss, in der Pause,
im Stadion und auch am See –
es ist einfach immer, immer was los
auf den Straßen hier in der Stadt.
Es ist wirklich immer, immer was los!
So toll ist es hier in der Stadt.

einundsechzig **61**

IM MUSEUM

Das Haus der Natur zählt zu den meistbesuchten Naturkundemuseen Europas. Besonders beliebt bei Erwachsenen und Kindern ist das **Aquarium** mit über 40 Schaubecken mit vielen tropischen Fischen.

Im **Reptilienzoo** kann man Giftschlangen von allen Kontinenten, Wasser- und Landschildkröten, Leguane und Mississippi-Alligatoren bestaunen.

Das **Science Center** überrascht mit vielen spannenden Experimenten. In der Weltraumhalle erfährt man viel über unser Planetensystem und über den Aufbau des Universums.

Aktuelles:
Sonderausstellung: Wale – Riesen der Meere
Wale sind die Riesen der Meere und wahre Rekordhalter. Ein Blauwal wird so lang wie drei Autobusse, Orcas schwimmen bis zu 55 km/h schnell und ein Pottwal taucht in Tiefen bis 3000 Meter.

Veranstaltungen:
montags und donnerstags um 10.15 Uhr Fütterung im Aquarium (Oktopus, Hai, Schützenfische)
freitags um 10.30 Uhr Science Shows (Physik, Chemie, Mikrobiologie)

9 a. Seht den Prospekt an: Was gibt es im Museum? Was kann man da machen?

b. Was findet ihr interessant? Was möchtet ihr sehen?

> Ich möchte … sehen.

> Ich finde … interessant.

10 a. Seht das Foto an und ratet.

1. Wo sind die Schüler?
   a. im Aquarium
   b. im Reptilienzoo
   c. in der Weltraumhalle

2. Wer steht vor den Schülern?
   a. ein Schauspieler
   b. ein Museumsführer
   c. ein Lehrer

🔊 1.30 b. Hört zu. Ist eure Lösung richtig?

11 a. Welche Fragen stellen die Schüler? Hör den zweiten Teil und wähl aus. 13, 14

1. Wie lange gibt es das Aquarium im Haus der Natur?
2. Können Sie mir sagen, welcher Fisch am gefährlichsten ist?
3. Wie viel Wasser ist im Aquarium?
4. Ich möchte wissen, welche Fische es im Aquarium gibt.
5. Wie lange leben Fische im Aquarium?
6. Wissen Sie, wann die nächste Fischfütterung ist?

b. Hör noch einmal. Wähl die richtigen Angaben aus.

1. Das Aquarium gibt es schon seit ___ Jahren.
2. Es hat ___ Becken.
3. Im Aquarium sind insgesamt ___ Liter Wasser.
4. Manche Fische sind ___ Jahre alt.
5. Fütterungen kann man ___ Mal pro Woche sehen.

2   3   14   20
30   40   300
30 000   140 000

c. Lies die Fragen in a. Welche findest du höflicher?

d. Welche Fragen möchtest du stellen? Formuliere sie höflich.

Wie lange gibt es das Haus der Natur?
Wann ist das Museum geöffnet?
Wie viel kostet ein Ticket?
Was darf ich fotografieren?
Wo findet man die Alligatoren?
Was kann man in der Weltraumhalle machen?

12 a. Kinder über Museen: Welche Bewertung ist positiv?

Wie war dein Besuch im Museum?

Alina: Im Stadtmuseum gibt es viele alte Dokumente und Stadtpläne, aber leider nicht viele Fotos oder Bilder. Das finde ich nicht sehr interessant. Ich finde es auch nicht schön, dass die Räume eng und dunkel sind.

Thomas: Das Spielzeugmuseum zeigt Spielzeug aus 500 Jahren. Viele Spiele kann man selbst ausprobieren, das gefällt mir gut. Man kann auch ein Suchspiel machen und etwas gewinnen. Das finde ich toll.

b. In welchem Museum wart ihr schon? Wählt eins aus und schreibt eine Bewertung.

PROFISEITE

13 SATZMODELLE Fragen im Museum 🖱 Clip

	Warum	gibt	es	keine Dinosaurier mehr?		
Wissen Sie,	warum	es	keine Dinosaurier mehr		gibt?	
	Wie	kann	ich	einen Dinosaurier		basteln?
Ich möchte wissen,	wie	ich	einen Dinosaurier		basteln	kann.
	Wo	ist	der Souvenirladen?			
Können Sie mir sagen,	wo		der Souvenirladen			ist?

14 a. Hör zu. Lies mit. Achte auf die Melodie. Welche Frage klingt besonders höflich? Warum?

 1.32

1. Kannst du mir sagen, wie spät es ist?
2. Kannst du mir sagen, wie spät es ist?
3. Weißt du, wann Pause ist?
4. Weißt du, wann Pause ist?

1.33 **b.** Sprich die höflichen Fragen nach. Stell dann eigene Fragen. Wer spricht am höflichsten?

DAS KANNST DU SCHON!

- Wie komme ich zum Museum?
- ○ Geh geradeaus und am Denkmal links.

- Wie komme ich zur Brücke?
- ○ Geh zuerst nach rechts und dann nach links.

- Wo ist das Denkmal?
- ○ Auf dem Platz vor der Kirche.

- Wo ist die Bank?
- ○ Zwischen den zwei Bäumen.

- Ich möchte wissen, wie alt Salzburg ist.

- Können Sie mir sagen, wie ich zur Festung komme?

- Weißt du, wo ich Souvenirs kaufen kann?

GRAMMATIK
mit den Deutschprofis

zu + Dativ

Wie komme ich …

der Dom	das Museum	die Brücke	die Berge
zu dem = zum Dom?	zu dem = zum Museum?	zu der = zur Brücke?	zu den Bergen?

Wo?
an, auf, in, vor, hinter, über, unter, neben, zwischen + Dativ

 der Turm  das Schloss  die Kirche

 vor dem Turm   über dem Schloss   neben der Kirche

 hinter dem Turm  unter dem Schloss  die Bäume

zwischen den Bäumen

höfliche Fragen

Wo ist das Stadtzentrum?   Ich möchte wissen, wo das Stadtzentrum ist.
Wo kann ich Souvenirs kaufen?   Können Sie mir sagen, wo ich Souvenirs kaufen kann?

nicht trennbare Verben im Perfekt

bekommen – hat bekommen   besuchen – hat besucht   erzählen – hat erzählt
besichtigen – hat besichtigt   erleben – hat erlebt   verstehen – hat verstanden

 Was fehlt bei diesen Verben?

fünfundsechzig **65**

SPIELWIESE

D-A-CH Städte und Wahrzeichen: Welche Stadt ist das? Löst die Buchstabenrätsel.

L Ö K N   E W I R A M   N E I W   G A M H U R B   N U L Z E R

PROJEKT Habt ihr eine Klassenfahrt oder einen Klassenausflug gemacht? Gestaltet ein Tagebuch mit Fotos und Texten. Ihr könnt es eurer Partnerklasse schicken.

SPIEL Spielt zu zweit. Einem Spieler sind die Augen verbunden. Der andere führt ihn durch das Klassenzimmer. Er darf nichts berühren.

Geh geradeaus. Stopp. Jetzt links und wieder geradeaus.

SPIEL Der erste Spieler nennt einen Gegenstand. Der zweite sagt, wo dieser Gegenstand ist. Der nächste macht mit dem letzten Wort weiter. Welche Gruppe schafft die längste Kette?

Der Stift.

Der Stift ist in der Tasche.

Die Tasche ist unter dem Tisch.

Der Tisch ist am Fenster.

MACH DICH FIT 1–6

HÖREN

1 **Du hörst fünf kurze Texte. Was passt: a, b oder c? Lies zuerst die Aufgaben.**

🔊 1.34

1. Was sagt Laura über den Test?
   a. Sie hat lange gelernt und alle Aufgaben geschafft.
   b. Sie hat lange gelernt, aber nicht alle Aufgaben geschafft.
   c. Sie hat nicht lange gelernt und nicht alle Aufgaben geschafft.

2. Wo bekommt man Informationen über das Ferienprogramm?
   a. Man ruft an.   b. Man schreibt eine E-Mail.
   c. Man geht auf die Webseite.

3. Welche Schüler sind zum Sommerfest eingeladen?
   a. alle Schüler   b. Schüler aus den Klassen 5 bis 8
   c. Schüler aus der Klasse 5

4. Was gibt es am Nachmittag?
   a. Ausflüge und Spiele   b. Englischunterricht   c. Englischunterricht und Spiele

5. Sebastian dankt für
   a. den Fußball.   b. die Sportschuhe.   c. den Apfelkuchen.

2 **Du hörst ein Gespräch. Was haben die Kinder am Wochenende gemacht? Wähl ein passendes Bild. Sieh zuerst die Bilder an.**

🔊 1.35

Person	Lukas	Felix	Tanja	Antonia	Robert
Lösung					

A   B   C   D   E

F   G   H   I

siebenundsechzig **67**

LESEN

1 Du liest diese E-Mail. Wähl für die Aufgaben 1 bis 5 die richtige Lösung: a, b oder c.

Hallo Ben,

wie geht's? Alles okay bei dir? Wie läuft es in der Schule? Bei mir läuft's nicht so toll. Du weißt ja, dass wir nach Rom gezogen sind, weil mein Vater hier einen neuen Job hat. Ich bin jetzt in einer italienischen Schule. Das ist echt nicht einfach. Die Lehrer sind nett, die Mitschüler auch, aber mein Italienisch ist noch nicht gut genug. Ich verstehe in der Schule vieles nicht. Ich sitze jeden Tag bis spät abends mit Wörterbüchern am Schreibtisch und es dauert Stunden, bis ich mit den Hausaufgaben fertig bin. So kann man natürlich auch keine neuen Freunde finden. Meine Mitschüler helfen mir viel, aber ich kann mit ihnen nicht so richtig reden. Leider gibt es hier keinen Handballverein und Fahrrad fahren kann man hier auch nicht so gut.

Das Ganze geht jetzt schon seit 2 Monaten so. Jetzt geht auch noch mein älterer Bruder Leon nach Berlin. Er ist jetzt Student und die Uni fängt im Oktober an. Das ist toll für ihn, aber dann bin ich hier wirklich total allein.

Hast du vielleicht Lust, mich in den Herbstferien zu besuchen? Meine Mutter ist einverstanden. Du kannst in Leons Zimmer wohnen. Es gibt hier auch tolle Dinge, zum Beispiel das Essen. Das schmeckt wirklich super. Und ich kann dir die Stadt zeigen, da gibt es viel zu sehen.

Ich hoffe sehr, dass du kommen kannst! Frag doch deine Eltern und schreib mir bald.

Ciao, Markus

1. Warum hat Markus Probleme in der neuen Schule?
   a. Die Lehrer sind streng.   b. Er hat schlechte Noten.
   c. Er kann die Sprache nicht richtig.

2. Was macht Markus jeden Nachmittag?
   a. Er spielt Handball.   b. Er lernt.   c. Er fährt Fahrrad.

3. Warum hat Markus noch keine neuen Freunde?
   a. Er kann mit seinen Mitschülern nicht reden.   b. Er ist schüchtern.
   c. Seine Mitschüler helfen ihm nicht.

4. Was möchte Markus?
   a. Dass sein Bruder nach Rom kommt.   b. Dass Ben zu Besuch kommt.
   c. Dass seine Eltern ihn verstehen.

5. Was findet Markus toll?
   a. Das Essen.   b. Die Uni.   c. Die Herbstferien.

2 Sechs Kinder suchen auf der Webseite ihrer Stadt eine Ferienaktivität. Welche Anzeige passt zu wem? Ordne zu. Zu einem Kind passt keine Anzeige.

FERIENANGEBOTE

STARTSEITE › KINDER UND JUGENDLICHE › FERIENANGEBOTE

A Trampolinturnen für Kids mit und ohne Vorkenntnisse auf dem Riesentrampolin. Für maximalen Erfolg und Spaß werden einzelne Schritte auf dem Airtrack (Federboden) und verschiedenen anderen Trampolinen geübt. Von 9.00 bis 12.00 Uhr in der Sporthalle der Schule.

B Maschinen, Schiffe oder Sterne mit der digitalen Kamera fotografieren? Bei einer Exkursion ins Technikmuseum erfährst du, wie faszinierende Bilder entstehen. Du bekommst auch praktische Tipps für den Umgang mit der Kamera und lernst, wie du die Bilder am Computer bearbeiten kannst. Technikmuseum, von 10.00 bis 14.00 Uhr

C Anfängerkurs für Fahrtechnik und erste Tricks auf dem Skateboard. Ausrüstung (Board, Helm, Schützer, Sportschuhe) sind mitzubringen. Wo? Im Stadtpark. Wann? Von 15.00 bis 17.00 Uhr.

D Gemeinsam auf verschiedenen Instrumenten musizieren und ein eigenes Musikstück entwickeln, sich bewegen und ein Tanzstück choreografieren. Von 9.00 bis 15.00 Uhr in der Stadthalle. Zum Abschluss gibt es eine Aufführung für die Eltern.

E Wollt ihr euren eigenen Film drehen? Hier lernt ihr nicht nur Tricks, wie man mit dem Smartphone filmt. Ihr arbeitet in Gruppen, jeder Gruppe stehen ein Laptop und eine Webcamera zur Verfügung. VHS, von 9.00 bis 13.00 Uhr

F Backen wie vor hundert Jahren – wir probieren es aus, stellen unser Mehl selbst her und bereiten einen Teig für Semmeln und Pizza. Wir machen selbst Butter und andere Zutaten. Bei allen Aktivitäten kommen Spiel und Spaß natürlich nicht zu kurz. Restaurant Lindenhof

1. Leonie will neue Rezepte ausprobieren und Spaß haben.
2. Tobias mag Sport. Er hat aber nur am Vormittag Zeit.
3. Kim macht am Nachmittag einen Schwimmkurs. Sie möchte am Vormittag skaten lernen.
4. Lara mag Musik und tanzt gern.
5. Niklas und Max möchten zusammen etwas machen. Sie spielen und arbeiten gern am Computer.
6. Lukas findet Technik und Fotografie interessant.

SCHREIBEN

1 **Lies die Situation. Schreib eine SMS.**

Du musst deine kleine Schwester vom Kindergarten abholen und schreibst eine SMS an deinen Freund Roman.

- Entschuldige dich, dass du zu spät kommst.
- Schreib, warum.
- Nenn einen neuen Ort und eine neue Uhrzeit für das Treffen.

Schreib 20–30 Wörter.
Schreib zu allen drei Punkten.

SPRECHEN

1 **Stell vier Fragen zu den vier Themen. Dein/e Mitschüler/in antwortet.**

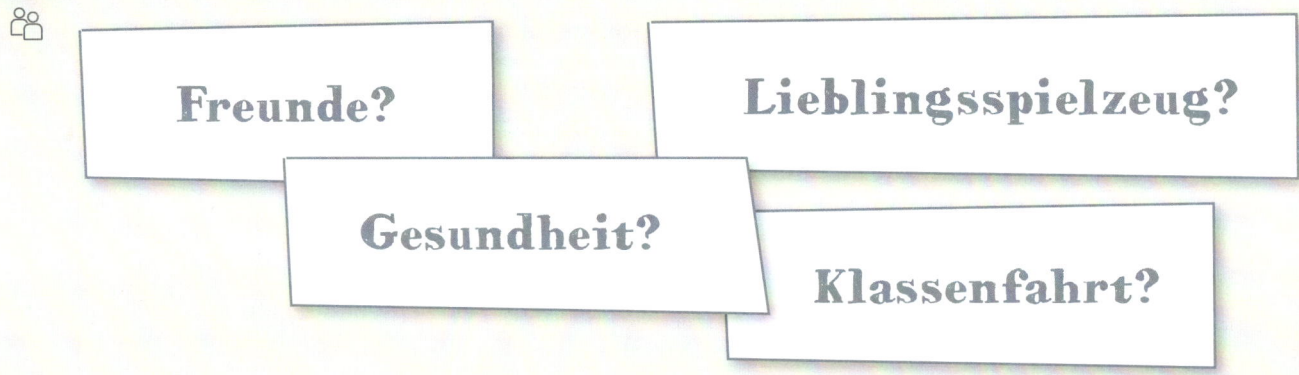

Freunde?
Lieblingsspielzeug?
Gesundheit?
Klassenfahrt?

2 **Wähl ein Thema. Erzähl über dich.**

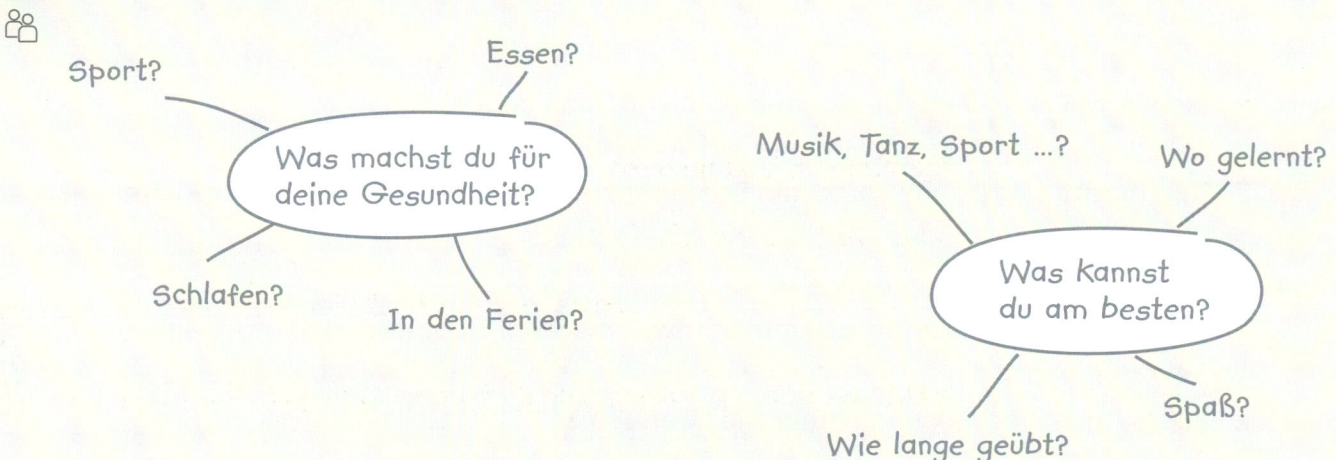

Sport? Essen?
Was machst du für deine Gesundheit?
Schlafen? In den Ferien?

Musik, Tanz, Sport …? Wo gelernt?
Was kannst du am besten?
Wie lange geübt? Spaß?

ÜBUNGSBUCH

Deine Aufgaben im Übungsbuch

Markiere.
Was passt zusammen? Verbinde.
Was passt? Kreuz an.
Was fehlt? Ergänze.
Sortiere.
Schreib die Wörter auf.
Ordne die Bilder zu.
Ordne den Dialog.

Schreib Sätze.
Schreib in dein Heft.
Schreib einen Text.
Antworte.
Lös das Rätsel.
Such Wörter.
Was passt aus der Liste?
Was passt nicht?

Symbole im Übungsbuch

↗ 4   Verweis auf das Kursbuch

↗ Mein Ich-Buch 3   Verweis auf das Portfolio im Anhang

Weitere Übungen auf www.klett-sprachen.de/deutschprofis-online

MEINE ERLEBNISSE 1

1 Welches Souvenir haben die Deutschprofis? Verbinde und schreib das Wort.

Mein Souvenir ist ganz weich und braun. Es ist aus Schweden. Ich habe es gern!

Mein Souvenir ist hart und rund. Ich trinke daraus morgens meinen Kakao. Es ist aus Frankreich.

Ich habe ein Souvenir aus den USA von einem Baseballspiel. Es ist leicht und es ist auf meinem Kopf. Ich finde es cool!

2 Ergänze: aus, aus der, aus den?

1. Der Schlüsselanhänger ist _____ Frankreich.
2. Das Taschenmesser ist ein Souvenir _____ Schweiz.
3. Die bunte Mütze ist _____ Peru.
4. Und die Tasse ist ein Souvenir _____ USA.
5. Die Holzpuppen kommen _____ Russland.

3 Was passt zusammen? Verbinde.

1. In den Osterferien war ich mit meinen Eltern in Paris.
2. Im Sommer waren wir eine Woche in Kroatien am Meer.
3. Ich war gestern auf der Geburtstagsparty von Lucia.
4. Mein Vater war im Oktober in Afrika.

a. Als Geschenk habe ich ihr ein Freundschaftsbändchen gemacht.
b. Dort hat er mir die Trommel gekauft.
c. Dort habe ich einen Schlüsselanhänger gekauft.
d. Beim Tauchen habe ich eine Muschel gefunden.

4 a. Wörterschlange: Markiere die Perfekt-Formen. Schreib sie auf.

FEKGEKAUFTGUTIBGEMACHTOKUGESEHENUMGENGEKOSTETLIGENGEFUNDENOM

_____

_____

b. Ergänze mit den Verbformen aus a.

1. Am Strand hat meine Schwester viele Steine _____

2. Das Souvenir hat 7 Euro _____

3. Wir haben eine Stadtrundfahrt _____

4. Ich habe das Souvenir in Kroatien _____

5. Im Wasser habe ich viele Fische _____

5 Bau Sätze im Perfekt.

1. ich • finden • auf der Straße • 1 Euro

Ich habe _____

2. wie viel • kosten • das Käsebrötchen • ?

_____

3. wir • sehen • den Film • im Kino

_____

4. was • ihr • kaufen • in der Stadt • ?

_____

5. Nina • machen • für ihre Freundin • ein Freundschaftsbändchen

_____

6 a. Was passt zusammen? Verbinde.

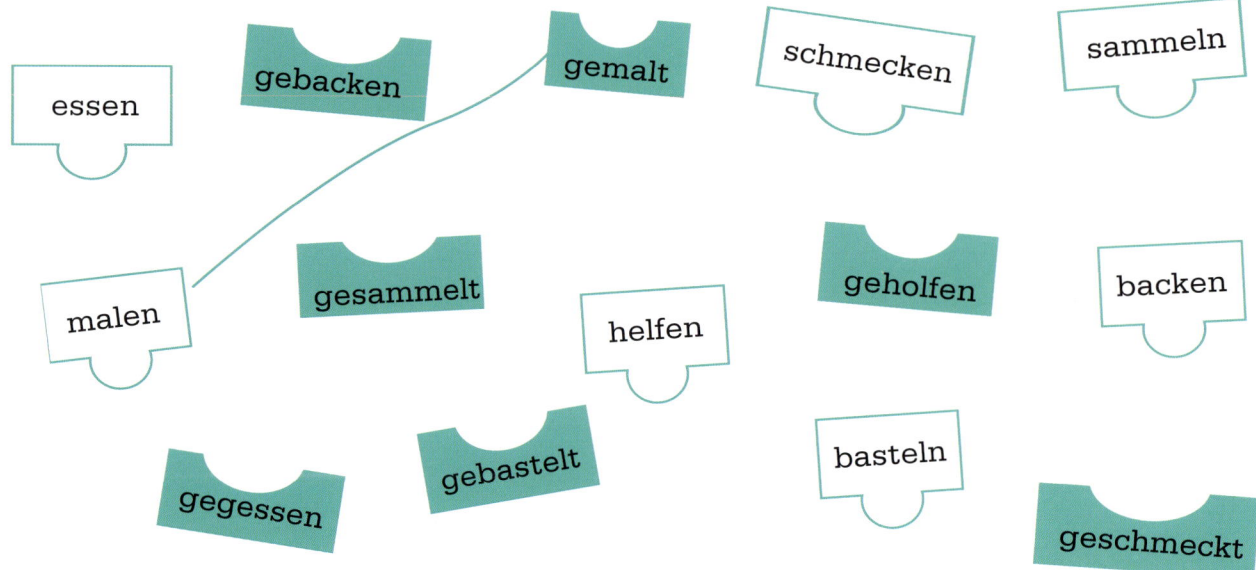

b. Ergänze mit den Perfekt-Formen aus a.
FÜR PROFIS Deck 6a ab und ergänze so die Sätze.

Die Kinder aus der 6a haben Brot _____.

Danach haben alle das Brot _____. Es

hat sehr gut _____. Viktoria und

Sarah haben Schutzengel _____. Frau Aziz,

die Kunstlehrerin, hat _____. Leon und

Max haben Steine _____ und Bilder

auf die Steine _____.

7 Was haben die Kinder gemacht?
Korrigiere die Sätze. Schreib sie in dein Heft.

Anna hat Steine gehört.
Lisa und Karla haben einen Tanz gesammelt.
Nico hat viel Sport gebastelt.
Die Kinder aus der 6a haben einen Film gebacken.
Jan hat Musik gegessen.
Frau Klein hat Kuchen getanzt.

8 a. Was haben die Kinder in der Schule gemacht? Such die Wörter und schreib Sätze.

	1	2	3	4
A	ein Klassenfest	sie	malen	Kastanien
B	lernen	Bilder	Kuchen	die Schüler
C	backen	ein Lied	machen	basteln
D	die Kinder	eine Puppe aus Holz	sammeln	alle

B4, A1, C3: Die Schüler haben ein Klassenfest

A2, D2, C4: _____

D4, B3, C1: _____

D1, ___ : _____

A2, ___ : _____

b. Was hast du schon in der Schule gemacht? Schreib Sätze.

_____

_____

9 Sortiere und schreib.

gemacht, geangelt, gesucht, gemalt, gesammelt, geschwommen, gefangen, gegessen, gekauft, gefahren, gegangen, gehört, gefunden, getanzt, gesehen

ER IST ...

ER HAT ...

10 Was passt? Kreuz an.

1. Mein Bruder und ich ☐ haben ☐ sind ☐ seid ins Kino gegangen.
2. Mein Vater ☐ hat ☐ ist ☐ habt ein Lagerfeuer gemacht.
3. Unsere Deutschlehrerin ☐ haben ☐ ist ☐ hat nach Österreich gefahren.
4. Wir ☐ haben ☐ sind ☐ seid keine Fische gefangen.
5. Ich ☐ ist ☐ bin ☐ habe Stockbrot gegessen.
6. Lotta ☐ hat ☐ ist ☐ sind im See geschwommen.

11 Ergänze den Brief von Teresa. Schreib in dein Heft.

Liebe Tante Erika,
am Wochenende bin ich mit Oma und Opa an einen 🛶 gefahren. Am Vormittag sind wir alle drei in den 🌳 gegangen. Das war toll. Zuerst haben wir 🍄 gesammelt. Und dann haben Opa und ich 🐟🐟 gefangen. Es war sehr lustig. Ich habe auch zwei 🐟 gefangen.
Am Abend haben wir ein 🔥 gemacht. Und ich habe 🥖 gebacken. Dann haben wir Fisch mit Stockbrot gegessen. Es hat super geschmeckt. Das Wochenende hat viel Spaß gemacht!
Viele Grüße
Teresa

12 Satzmaschine: Schreib Sätze in dein Heft.

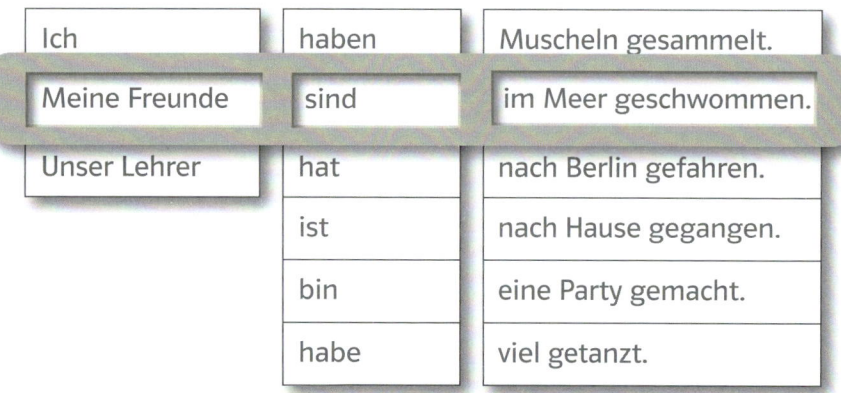

13 **Was hat Patrick am Wochenende gemacht? Schreib einen Text in dein Heft.** 10

1

2

3

4

5

6

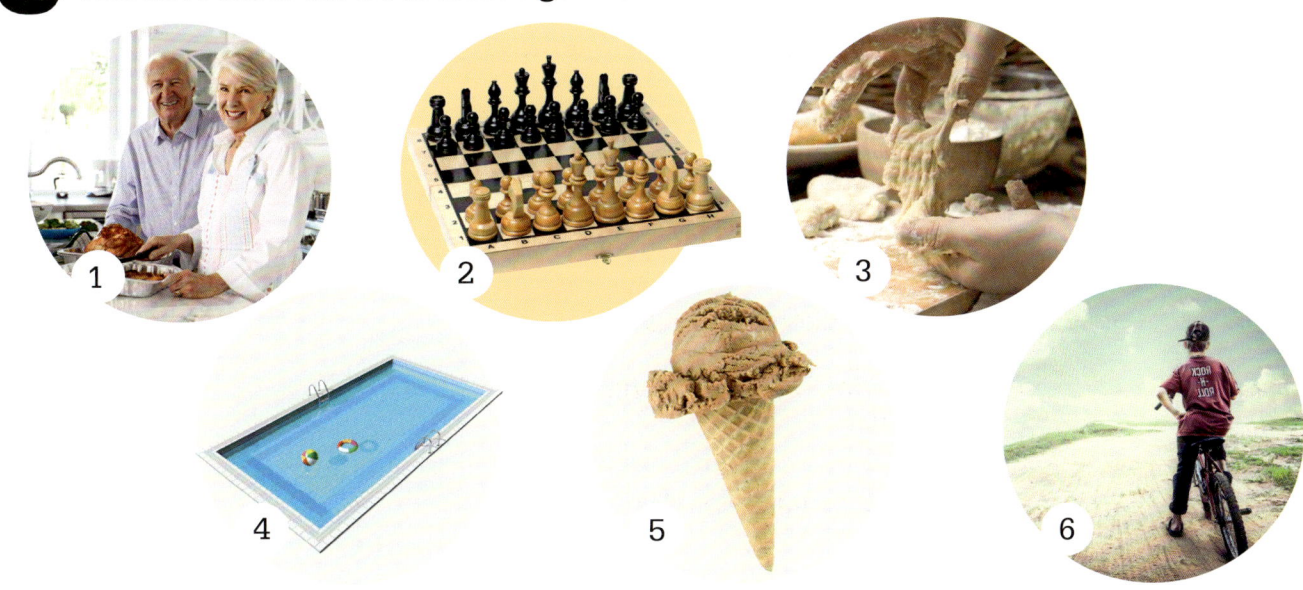

Am Samstag ist Patrick zu Oma und Opa ... Er hat mit seinem Opa ... Am Abend haben sie ... Am Sonntag sind sie ... Danach ... Patrick ist auch ...

14 **FÜR PROFIS** **Ergänze die Fragen im Chat.** 11

CHAT

Hallo, wie geht's? Was ______________________?

Ich bin gestern mit Jonas ins Kino gegangen.

Toll! ______________________?

Star Wars 7. Es war super!

______________________?

Danach haben wir Pizza gegessen.

______________________?

Total lecker.

Schön! Dann bis morgen.

Mein Ich-Buch 1

LERNWORTSCHATZ

Ägypten	das Erlebnis	das Projekt	sammeln
China	das Souvenir	die Werkstatt	angeln
Frankreich	die Muschel	das Holz	fangen
Ghana	die Trommel	der Stein	bleiben
Griechenland	die Tasse	der Tanz	
Mexiko	die Mütze	der Engel	hart
Peru	die Puppe	der See	weich
Russland	der Schlüsselanhänger	der Wald	scharf
Spanien	das Taschenmesser	die Wanderung	wach
die Türkei	das Freundschafts-	der Pilz	typisch
die USA (Plural)	bändchen	das Lagerfeuer	sonnig
	der Laden	das Restaurant	
	das Taschengeld		aus Holz
	der Flughafen		zu Besuch
	die Schifffahrt		So ein Quatsch!
	die Stadtrundfahrt		Bis morgen!
	der Strand		
	das Nest		ein bisschen
			überall
			danach

A Silbenrätsel: Schreib die Wörter mit dem Artikel auf.

Schlüs pe Mu Ta schen Trom bänd
tier Freund mel schafts pup Stoff chen
an hän sel ger schel geld Holz

_____

_____

B Länderschlange: Trenn die Wörter und schreib sie in dein Heft.

FRANKREICHDIETÜRKEIMEXIKOSPANIENDIEUSAGRIECHENLAND
ÄGYPTENDIESCHWEIZRUSSLANDGHANAPERUÖSTERREICHCHINA

C Was passt?

ein Souvenir	gehört • gekauft • gesammelt • gebacken
Brot	getanzt • gelernt • gegessen • geholfen
Musik	geschmeckt • gemalt • gehört • geangelt
einen Tanz	gefunden • gebacken • gelernt • gesammelt
eine Stadtrundfahrt	geschwommen • gefahren • gemacht • gegangen

D Was passt zusammen? Es gibt mehrere Möglichkeiten.

an einen See	gemacht
in den Wald	gebacken
eine Party	gesammelt
ein Feuerwerk	gefangen
Fische	gesehen
Pilze	gegangen
Stockbrot	gefahren
eine Wanderung	geschwommen
im See	gegessen

E Was passt aus der Liste?

Stadt: _____

Natur: _____

F Antworte.

Was hast du am Wochenende gemacht?

Mein Lieblingswort:

MEINE FREUNDE 2

1 Wer ist das?

lange braune Haare
Mütze   braune Augen

blond
sportlich
cool

Brille
kleine Augen
kurze schwarze Haare

2 a. Sieh die Fotos an. Ergänze.

Sarah hat _____ Haare und _____ Augen.

Sie _____ einen Rucksack.

Niklas ist _____. Er hat kurze braune _____. Er trägt einen _____.

Sein Freund Milan sieht _____ aus. Er ist _____ und er trägt eine _____.

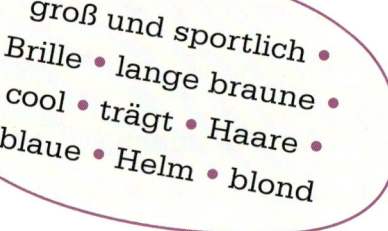

groß und sportlich • Brille • lange braune • cool • trägt • Haare • blaue • Helm • blond

b. Beschreib Sofie.

_____

Niklas   Sarah   Milan   Sofie

3 Wer ist mit wem befreundet? Was machen sie zusammen?

Linus   Alexa   Emil   Kim   Tim   Jana

1. Linus ist mit _____ befreundet. Sie _____

   zusammen _____

2. Alexa ist mit _____ befreundet. Sie _____

   zusammen.

3. Emil ist mit _____ befreundet. Sie _____

   _____

4 Was passt zusammen? Verbinde Bild, Beschreibung und Wort.

fleißig   *schüchtern*

lernt viel und macht alle   hat keine Angst
Hausaufgaben

spricht nicht gern   *stark*
vor der ganzen Klasse

mutig   macht viel Sport

5 Interview mit Mischa: Schreib die Fragen in dein Heft.

6 Was ist richtig? Kreuz an.

1. Wir sind gute Freunde, weil
   a. ☐ wir nie streiten.
   b. ☐ wir streiten nie.

2. Andrea ist meine beste Freundin, weil
   a. ☐ wir über alles reden können.
   b. ☐ wir können über alles reden.

3. Sarah und Lotta sind schon lange befreundet, weil
   a. ☐ sie gehen in die gleiche Klasse.
   b. ☐ sie in die gleiche Klasse gehen.

4. Wir machen viel zusammen, weil
   a. ☐ wir die gleichen Interessen haben.
   b. ☐ wir haben die gleichen Interessen.

7 Verbinde die Sätze mit *weil*. Schreib sie in dein Heft.

Lisa und Tina sind Freundinnen. Sie haben die gleichen Hobbys.
Max verbringt viel Zeit mit Andreas. Sie machen zusammen Sport.
Patricia ist meine Freundin. Wir machen zusammen viel Quatsch.
Ich bin mit Alex befreundet. Wir können über alles reden.
Ben, Toni und Erkan sind gute Freunde. Sie helfen einander immer.

Lisa und Tina sind Freundinnen, weil sie ...

8 Ergänze die Sätze. ↗ 6

Ich komme nicht mit ins Kino, weil _____

Ich war gestern nicht in der Schule, weil _____

Ich kann nicht zur Geburtstagsparty gehen, weil _____

Ich backe einen Kuchen, weil _____

Ich bleibe auch am Nachmittag in der Schule, weil _____

9 Ordne die Sätze. Schreib den Text in dein Heft. ↗ 8

☐ Am Anfang war sie sehr traurig, weil sie ganz allein war.
☐ Jetzt hat sie viele neue Freunde.
☐ Aber dann hat ein Mädchen sie zu seiner Geburtstagsparty eingeladen.
☐ Sie hat auch die Schule gewechselt.
☐ Meine Freundin ist umgezogen.
☐ Auf der Party hat sie auch die anderen aus der Klasse besser kennengelernt.

10 Trenn die Wörter und schreib die Sätze richtig. ↗ 9

1 ANNASFREUNDINISTNACHLEIPZIGUMGEZOGEN

2 AMWOCHENENDEHABEICHMITMEINEMFREUNDGESTRITTEN

3 MAXHATSEINENBESTENFREUNDDANIELINDERSCHULEKENNENGELERNT

4 ICHHABEMEINEFREUNDINLINAJEDENTAGANGERUFEN

11 **a. Such 9 Perfekt-Formen.**

l	e	d	g	e	f	r	a	g	t	a
g	a	g	e	f	u	n	d	e	n	n
e	g	e	h	o	p	i	s	a	g	g
u	m	g	e	z	o	g	e	n	e	e
g	e	s	c	h	p	j	u	o	w	f
a	g	e	h	o	l	f	e	n	o	a
r	a	u	s	t	w	e	l	t	h	n
g	e	s	t	r	i	t	t	e	n	g
e	g	e	g	a	n	g	e	n	t	e
f	a	n	g	e	r	u	f	e	n	n

b. Sortiere die Perfekt-Formen.

ge_____t/en
gefragt, gewohnt, gefunden, geholfen, gestritten, gegangen

_____ge_____t/en
umgezogen, angerufen, angefangen

---

12 **Was antwortet Diego? Ergänze den Text.**

Michi: Hallo Leute, mein Freund ist umgezogen und wohnt in einer anderen Stadt. Das ist total blöd. Kennt ihr das?

Diego: Hallo Michi, ich verstehe dich sehr gut. Auch mein bester Freund Benni hat im gleichen Haus wie ich **gewohnt**. Und wir sind in die gleiche Klasse **gegangen**. Aber vor einem Jahr ist er **umgezogen**. Er hat die Schule **gewechselt**. Am Anfang habe ich ihn jeden Tag **angerufen**. Aber in der Schule war ich meistens allein. Dann habe ich ein paar Jungen aus dem Sportclub **gefunden**. Jetzt sind wir befreundet. Aber Benni bleibt für immer mein bester Freund.

13

a. **Wer hat was gemacht? Verbinde.** ↗ 12

Neele	ist	nach Thailand mitgefahren.
Neeles Mutter	sind	zwei Monate in Thailand gedreht.
Neeles Mutter und Schwester	hat	drei Wochen Schule verpasst.
	haben	die Tochter bei einer Filmagentur angemeldet.
		mit Freunden gelernt.
		auf Elefanten geritten.

b. **Schreib die Sätze in dein Heft.**

14

a. **FÜR PROFIS Buch und Film: Sortiere die Texte.** ↗ 13

A Im Sommer habe ich das Buch „Emil und die Detektive" gelesen.
B Meine Freundin Tina und ich haben am Wochenende den Film „Heidi" gesehen.
C Erich Kästner hat das Buch geschrieben.
D Die Hauptfigur ist Emil Tischbein.
E Den Film hat der Schweizer Regisseur Alain Gsponer gemacht.
F Seine Mutter schickt ihn allein nach Berlin.
G Die Hauptfigur ist das Waisenmädchen Heidi.
H Er muss seiner Großmutter 140 Mark bringen.
I Sie lebt bei ihrem Großvater in den Schweizer Bergen.
J Dann zieht sie nach Frankfurt um und lernt die kranke Klara kennen.
K Ein Mann klaut Emil im Zug das Geld.
L Sie mag Klara, aber sie möchte zu ihrem Großvater zurück.
M Der Film hat mir gefallen, weil die Schauspieler sehr gut sind.
N Emil springt aus dem Zug und verfolgt den Dieb.
O Das Buch hat mir sehr gut gefallen, weil Emil am Ende sein Geld und neue Freunde findet.

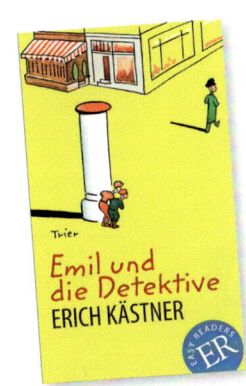

Über das Buch: ☐ ☐ ☐ ☐ ☐ ☐ ☐ ☐

Über den Film: ☐ ☐ ☐ ☐ ☐ ☐ ☐

b. **Schreib einen Text aus a in dein Heft.**

↗ Mein Ich-Buch 2

LERNWORTSCHATZ

das Haar	aussehen	cool	einander
die Freundschaft	trainieren	blond	miteinander
das Interesse	verbringen	glatt	füreinander
die Meinung	reden	sportlich	letzter, letztes, letzte
der Streit	wissen	ehrlich	niemand
die Situation	streiten	fleißig	sogar
die Note	umziehen	klug	eigentlich
das Team	vermissen	ruhig	meistens
das Abenteuer	weinen	mutig	allein
die Erfahrung	wechseln	schüchtern	weil
der Traumberuf	kennenlernen	stark	
die Leute (Plural)	passieren	witzig	Ich bin mit … befreundet.
	lösen	wichtig <-> unwichtig	zum Beispiel
	zusammenhalten	perfekt	jeden Tag
	einen Film drehen	gleich	jedes Wochenende
	anmelden	echt	jedes Jahr
	warten	traurig	letztes Jahr
	dabei sein	schlimm	zweimal in der Woche
	verpassen	spannend	Ja, natürlich!
		stolz	
		normal	

A Buchstabenschlange: Welche Wörter sind das? Verbinde die Buchstaben.

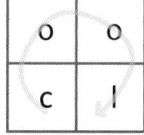

cool

B Was fehlt: -ig oder -lich?

wicht____   sport____   gefähr____   mut____   lust____   ehr____

traur____   witz____   natür____   fleiß____   ruh____

C Was passt nicht?

1. mit dem Freund — lernen • streiten • anrufen • reden
2. die Schule — besuchen • wechseln • umziehen • mögen
3. nach Berlin — streiten • umziehen • fahren • gehen
4. neue Freunde — kennenlernen • einladen • anfangen • anrufen

D Geheimschrift: Lös das Rätsel. Schreib die Sätze richtig. Lies vor.

Hallo L♥te,
vor zw✿ Wochen hatte ich mit m✿nem Fr♥nd Manuel Str⚓t. Das war schlimm und hat mich total tr⚓rig gemacht. Ich habe Manuel nach der Schule zu mir ✿ngeladen und wir haben mit✿nander geredet. Das hat echt geholfen. Fr♥nde haben nicht immer die gl✿che M✿nung. Das ist normal.

♥ = _____
⚓ = _____
✿ = _____

E Schreib das Gegenteil.

1. wichtig – <u>unwichtig</u>
2. sportlich – _____
3. _____ – unruhig
4. gesund – _____
5. _____ – ungefährlich

F Antworte.

Wie heißt dein Freund / deine Freundin?

Wie ist er / sie?

Was macht ihr zusammen?

Warum seid ihr Freunde?

Mein Lieblingswort:

DAS KANN ICH AM BESTEN 3

1 a. Was können die Deutschprofis?

1. Felix kann Skateboard fahren.
2.
3.
4.
5.
6.
7.

b. Was kannst du gut / nicht so gut? Was kannst du nicht? Schreib Sätze in dein Heft.

2 Interview mit Julia: Schreib die Fragen in dein Heft.

Was …?
Wie lange …?
Wie oft …?
Wer …?
Wie gut …?
Warum …?

Ich laufe gern Schlittschuh.
Ich habe sehr lange geübt.
Ich bin schon sehr oft hingefallen.
Meine Freundin Tina hat am Anfang geholfen.
Jetzt bin ich ziemlich gut, ich kann auch springen.
Ich möchte ein Profi werden!

3 Ergänze.
FÜR PROFIS
Deck den Kasten ab und ergänze so die Sätze.

organisiert • korrigiert • hingefallen • fotografiert • angemeldet • gezeigt • trainiert • hinuntergefahren

Mein Vater _hat_ mich für einen Snowboardkurs _____.

Er _____ auch unsere Reise nach Österreich _____.

Der Snowboardlehrer war sehr nett, er _____ uns zuerst leichte Übungen _____. Wir _____ dann zwei Tage fleißig _____. Das war ganz schön schwer! Der Lehrer _____ immer wieder unsere Fehler _____. Ich _____ ziemlich oft _____ und manchmal hatte ich keine Lust mehr.

Aber dann _____ wir zum ersten Mal den Berg _____. Es war so cool! Mein Vater _____ alles _____. Jetzt fahre ich total gern Snowboard, aber ich muss noch viel üben.

4 Was hat Leo noch nicht gemacht? Schreib Sätze.

1. Leo will eine Party machen. (seine Freunde einladen)
   Er hat seine Freunde noch nicht eingeladen.

2. Leo will ins Kino gehen. (die Eltern fragen)

3. Leo muss schon ins Bett gehen. (zu Abend essen)

4. Leo will ans Meer fahren. (die Reise organisieren)

5. Leo möchte Tennisprofi werden. (trainieren)

6. Leo möchte Spaghetti essen. (einkaufen)

5 Wähl aus. Ergänze ein eigenes Beispiel.

1. Welcher Hund ist größer? ☐
2. Welcher Bleistift ist dünner? ☐
3. Welches Auto ist länger? ☐
4. Was ist leichter? ☐
5. Wer ist älter? ☐
6. _____ ☐

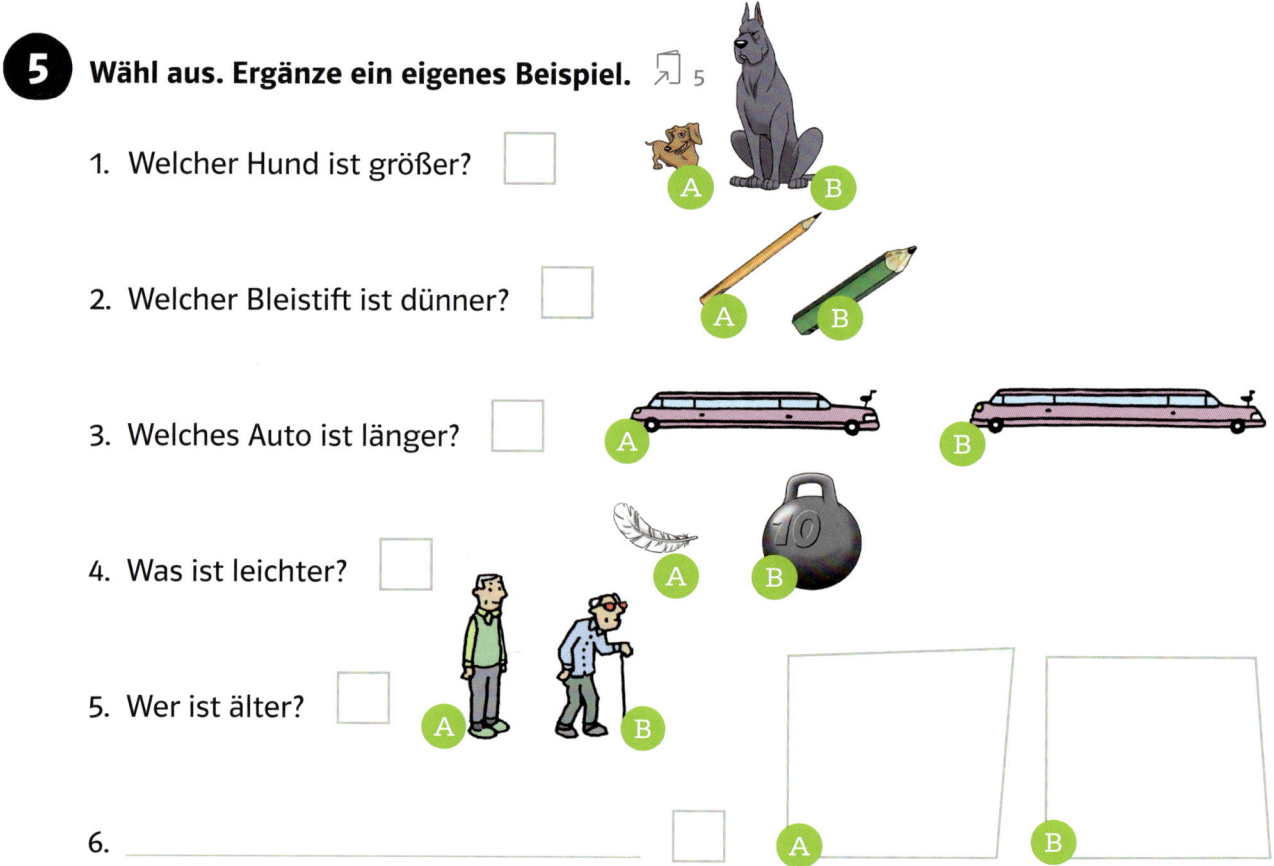

6 Sortiere.

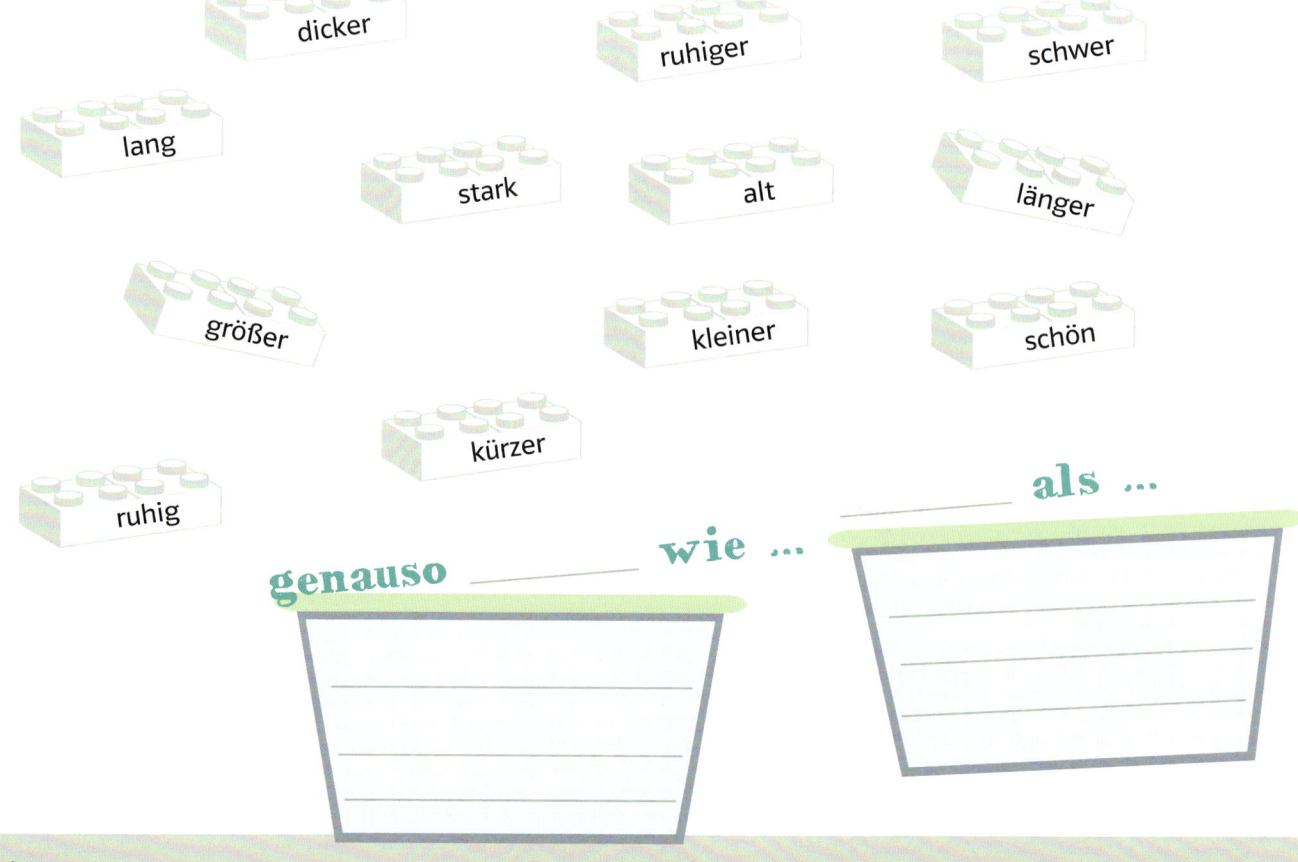

dicker, ruhiger, schwer, lang, stark, alt, länger, größer, kleiner, schön, kürzer, ruhig

genauso _____ wie ...

_____ als ...

7 Was passt? Kreuz an. 🔲 5

1. Der Tiger ist ☐ größer ☐ kleiner als die Katze.
2. Der Elefant ist ☐ schwerer ☐ leichter als der Löwe.
3. Die Schweiz ist ☐ genauso groß ☐ nicht so groß wie Deutschland.
4. Der Frühling ist ☐ wärmer ☐ kälter als der Winter.
5. Das Wörterbuch ist ☐ dicker ☐ dünner als das Wörterheft.
6. Das Fahrrad ist ☐ genauso schnell ☐ nicht so schnell wie das Auto.
7. Die Sommerferien sind ☐ länger ☐ kürzer als die Weihnachtsferien.

8 Ergänze: als oder wie? 🔲 5

1. Tobias spielt besser Fußball _____ Uwe.
2. Laura ist genauso alt _____ Kira. Beide sind 11.
3. Ich mag Tierfilme lieber _____ Tierbücher.
4. Tina ist genauso gut in Mathe _____ Alex.
5. Comics sind nicht so interessant _____ Computerspiele. Oder?
6. Ich telefoniere mehr _____ meine Schwester Tamara.
7. Jungen sind nicht immer so fleißig _____ Mädchen.

9 Vergleiche. 🔲 6

Haare • kurz
Schal • lang
Tasche • groß
T-Shirt • dunkel
Schuhe • sportlich

LARA   LILLI

Lillis Haare sind … als Laras Haare.

10 Bist du einverstanden? Reagiere. 🡕 8

Lieber Kino am Sonntag als Mathe am Montag! Ja, genau!

Lieber Musik als Sport! _____

Lieber Fahrrad fahren als am Computer spielen! _____

Lieber einen Text schreiben als Wörter lernen! _____

Lieber Müsli als Schokolade! _____

Lieber das Zimmer aufräumen als einkaufen! _____

Lieber ein Hund als eine Katze! _____

11 Tierrekorde: Ergänze. 🡕 9

_____ ist am klügsten.

_____ läuft am schnellsten.

_____ taucht am tiefsten.

_____ ist am kleinsten.

_____ schläft am längsten.

_____ ist am schwersten.

12 Satzmaschine: Schreib Fragen in dein Heft. 🡕 10

	Sprache		am größten?
Welcher	Land		am höchsten?
Welche	Stadt	ist	am ältesten?
Welches	Baum		am wärmsten?
	See		am schönsten?
	Monat		am schwersten?
	Berg		am tiefsten?

13 Ergänze. 🡥 10

FÜR PROFIS Deck den Kasten oben ab und ergänze so die Sätze.

> am hellsten • am höchsten • am größten • am tiefsten • am kleinsten

Von allen Ländern ist Vatikanstadt _____.

Der Staat ist nur 0,44 km² groß und hat 840 Einwohner. Von allen Städten ist

Tokio _____. In Tokio und Umgebung leben 37 Millionen

Menschen. Von allen Seen ist der Baikalsee _____.

Der See liegt in Russland und ist 1642 Meter tief. Von allen Bergen ist der Mount

Everest _____. Er ist 8 848 m hoch und liegt in Nepal.

Und von allen Sternen ist der Polarstern _____, man kann ihn

im Norden immer sehen.

14 a. Ergänze die E-Mail. 🡥 12

> gern • am liebsten • am besten • besser • viel • am meisten • am liebsten

Hallo!

Ich heiße Amanda und ich komme aus Mexiko. Ich suche einen Freund oder eine

Freundin in einem anderen Land. Ich höre _____ Musik. Popmusik gefällt

mir _____ als Techno, aber Hip-Hop finde ich _____. Was machst du

in deiner Freizeit _____?

Ich mache auch _____ Sport. Karate macht mir _____ Spaß.

Mein Lieblingsessen sind Tacos. Ich mag auch Schokolade sehr und

_____ esse ich Schokoeis.

Schreib mir!

Amanda

b. Antworte auf die E-Mail.

🡥 Mein Ich-Buch 3

LERNWORTSCHATZ

der Wunsch	das Gedicht	Skateboard fahren	selbst
der Trick	das Rätsel	Breakdance machen	jetzt
die Reise	der Rapper	schaffen	schon
die Piste	der Cousin	glauben	noch nicht
der Fehler	der Song	denken	(größer) als
die Geschwister	die CD	schenken	(so groß) wie
(Plural)	die E-Mail	üben	genauso
der Zwilling	der Fan	zeigen	anders
die Hand		auslachen	beide
der Fuß		sagen	
der Rekord		organisieren	zum ersten Mal
die Erde		korrigieren	Darauf bin ich stolz.
die Antarktis		hinfallen	Ja, genau!
der Ozean		leuchten	Du hast recht.
der Turm		rappen	Das ist Unsinn.
der Stern			Das stimmt nicht.
der Himmel		tief	
der Luftballon		hoch	
		schief	
		weit	
		jung	

A **Lös das Buchstabenrätsel.**

1. Am Himmel sind viele _____.   tRenes

2. _____ sehen gleich aus.   GnwEIlzli

3. Die Skifahrer fahren auf der _____.   IStep

4. Ich habe im Test keine _____ gemacht.   lEHFer

5. Das _____ ist nicht schwer.   LäsTER

B Was passt nicht?

1. Skateboard — fahren • machen • üben
2. Breakdance — üben • korrigieren • machen
3. Fehler — denken • machen • korrigieren
4. eine Reise — rappen • organisieren • machen
5. einen Trick — zeigen • lernen • leuchten

C Richtig schreiben: E / e oder ä?

k____lter als der H____rbst

w____rmer als meine H____nde

h____ller als ein St____rn

____lter als die ____rde

r____chnen wie der L____hrer

r____nnen wie ein H____schen

kl____ttern wie ein B____r

D Ergänze.

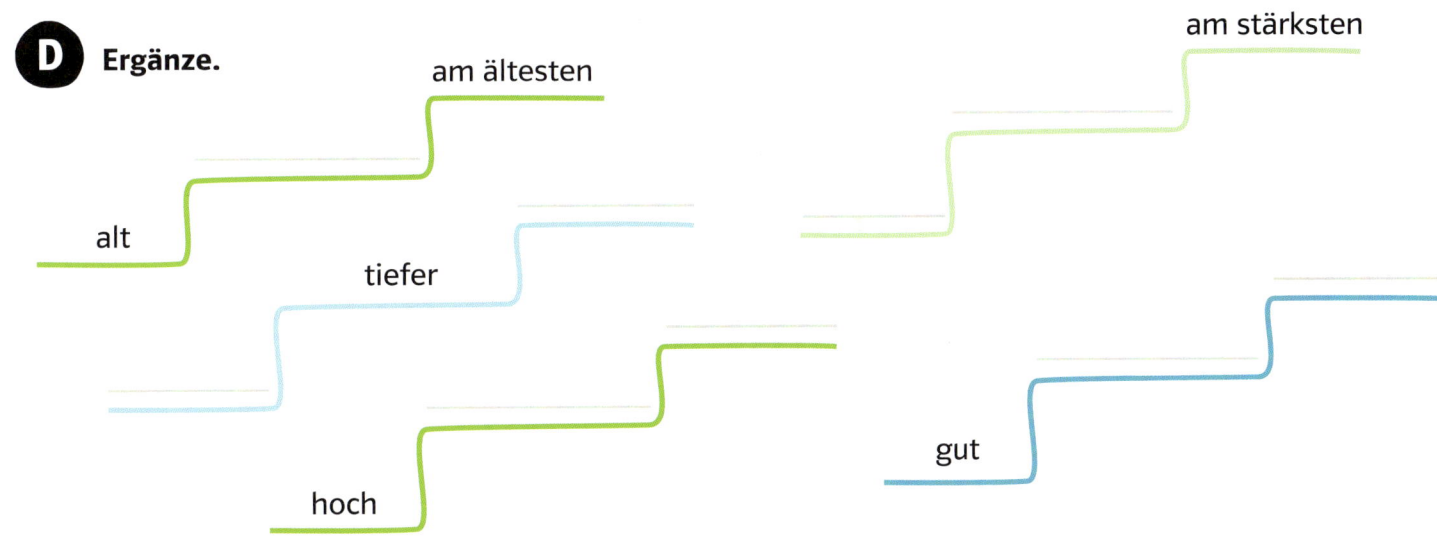

E Stimmt das? Reagiere.

Ich bin sportlicher als du.

Meine Haare sind heller als deine.

Deutsch ist interessanter als Mathe.

Mein Lieblingswort:

4 WIE GEHT'S DENN SO?

1 Was ist hier anders?

die Hände _____ _____ _____ _____

2 Was passt zusammen? Verbinde und schreib die Wörter mit dem Artikel.

Rücken   Augen

Finger   Arm   Kopf   Füße

der Finger und der _____ _____ _____

_____ _____ _____

3 Zwei Dialoge: Ordne und schreib in dein Heft.

☐ Guten Morgen, Herr Schulz. Wie geht es Ihnen?
☐ Hallo, Milli, wie geht's dir? Ist alles okay?
☐ Ja, alles super. Und wie geht's dir, Antonia?
☐ Danke, gut. Und dir, Christian? Du warst gestern nicht in der Schule.
☐ Ich hatte ein bisschen Bauchschmerzen. Aber heute geht es mir gut.
☐ Nicht so gut, Milli. Mein Bauch tut weh.

4 Was antworten die Deutschprofis? Ergänze.

Wie geht's euch?

Mein _____

Meine _____

Ich habe _____

Ich habe _____

5 Ergänze die Tipps.

dein Fieber messen • spazieren gehen • zum Arzt gehen • Wasser trinken • Nasentropfen nehmen • ein wenig schlafen

- Mir ist warm. — Miss dein Fieber.
- Meine Nase läuft. — Nimm _____
- Ich fühle mich schlapp. — _____
- Ich schwitze. — _____
- Mein Kopf tut weh. — _____
- Ich habe 39 Grad Fieber. — _____

6 a. Was passt zusammen? Verbinde.

1. Wann hast du gute Laune?
2. Wann fühlst du dich schlapp?
3. Wann lachst du?
4. Wann weinst du?
5. Wann gehst du zum Arzt?
6. Wann misst du Fieber?

a. Wenn mir sehr warm ist.
b. Wenn ich wenig geschlafen habe.
c. Wenn es mir sehr schlecht geht.
d. Wenn ich einen Witz höre.
e. Wenn ich ein trauriges Buch lese.
f. Wenn ich eine gute Note bekommen habe.

b. Schreib Sätze in dein Heft.

Ich habe gute Laune, wenn ich …

siebenundneunzig 97

7 a. Was passt? Kreuz an.

	Ich bin traurig.	Ich bin froh.	Ich bin wütend.	Ich habe Angst.
1. Die Ferien sind fast zu Ende.	☐	☐	☐	☐
2. Meine Schwester isst meine Bonbons.	☐	☐	☐	☐
3. Ich bekomme eine gute Note.	☐	☐	☐	☐
4. Du kommst nicht zu meinem Geburtstag.	☐	☐	☐	☐
5. Ein Freund wechselt die Schule.	☐	☐	☐	☐
6. Ich gehe zu einer Party.	☐	☐	☐	☐
7. Ich sehe einen Monsterfilm.	☐	☐	☐	☐

b. Schreib Sätze in dein Heft.

Ich bin traurig, wenn …

8 Wann haben die Kinder gute oder schlechte Laune? Schreib Sätze wie im Beispiel.

Lukas – ins Kino gehen ☺ *Wenn Lukas ins Kino geht, hat er gute Laune.*

Kira – für den Test lernen ☹ _____

Lisa – das Zimmer aufräumen ☹ _____

Alexa – Ferien haben ☺ _____

Jonas – am Computer spielen ☺ _____

Bea und Annika – viele Hausaufgaben machen müssen ☹ _____

9 Bau Sätze mit *wenn* oder *weil*. Schreib sie in dein Heft.

1. Felix • traurig sein • allein sein   *Felix ist traurig, weil …*
2. Mia • froh sein • ihre Freundinnen treffen
3. Emilia • gute Laune haben • zu Oma und Opa fahren
4. Alex • schlechte Laune haben • zu Hause helfen müssen
5. Mia • lachen • mit ihrer kleinen Schwester spielen
6. die Kinder • Angst haben • es ist dunkel

10 Beim Arzt: Ergänze den Dialog. 13

- Hallo Nina, wie geht es dir?
- _____!
- Was fehlt dir?
- _____.
- Tut dir auch _____?
- _____.
- Hast du auch _____?
- _____.
- Du musst _____ und du darfst _____.
- Das mache ich. Danke, Frau Doktor!
- Gute _____, Nina!

11 Was ist mit Sina passiert? Ergänze.
FÜR PROFIS Deck den Kasten ab und ergänze so die Sätze. 13

Hallo Tim,

am Wochenende bin ich Ski gefahren. Leider bin ich hingefallen und habe mir einen Finger _____. Ich hatte ziemlich starke _____. Der Arzt hat mir _____ verschrieben. Sie helfen ein bisschen. Zum Glück muss ich nicht ins _____. Morgen bleibe ich noch zu Hause, aber dann kann ich in die Schule gehen. Aber ich darf einen _____ keinen Sport machen. Schade!

Und wie geht es dir? Was hast du am _____ gemacht?

Viele Grüße, Sina

- Schmerzen
- Monat
- Schmerztabletten
- Krankenhaus
- Wochenende
- gebrochen

12 Was darf man hier nicht machen? Schreib Sätze. ↗ 14

Man darf nicht
Skateboard fahren.

13 Ergänze.
FÜR PROFIS Deck den Kasten ab und ergänze so die Dialoge. ↗ 14

1. • Morgen haben wir keine Schule.
   ○ Okay. Ihr _____ heute länger fernsehen.

2. • _____ ich heute ins Kino gehen?
   ○ Heute nicht. Vielleicht am Samstag.

darf • dürfen •
darfst • darf •
dürft • darf

3. • Mir ist heiß. Ich möchte im See schwimmen.
   ○ Hier _____ man nicht baden.

4. • Kann ich mit dem Flugzeug zu Opa und Oma fliegen?
   ○ Nein, Kinder _____ nicht allein fliegen.

5. • Ich habe alle Hausaufgaben gemacht.
   ○ Gut. Du _____ auf dem Schulhof spielen.

6. • Können wir im Wald ein Lagerfeuer machen?
   ○ Nein, im Wald _____ man kein Feuer machen.

14 Was darf man, was darf man nicht? Ergänze wie im Beispiel. 🗗 16

Auf dem Spielplatz darf man klettern, aber man darf nicht skaten.

Im Krankenhaus _____

In der Bibliothek _____

Im Kino _____

Im Schwimmbad _____

Im Zoo _____

In der U-Bahn _____

15 Ergänze: muss, kann oder darf? 🗗 16

1. Auf dem Gehweg _____ man nicht Fahrrad fahren.
2. In der Spielstraße _____ man nicht schnell Auto fahren.
3. Beim Reiten _____ man einen Helm tragen.
4. Beim Fahrradfahren _____ man nicht telefonieren.
5. Beim Skaten _____ man nicht viel schneller sein als die Fußgänger.
6. In der Schule _____ man einen Inliner-Kurs machen.
7. Wenn man eine Verletzung hat, _____ man zum Arzt gehen.

16 Was darf man / kann man / muss man hier machen?
Mal witzige Schilder und schreib Sätze dazu. 🗗 16

Mein Ich-Buch 4

LERNWORTSCHATZ

der Körper	der Tropfen	wehtun	zu
der Körperteil	die Spritze	schwitzen	genug
der Hals	die Salbe	verlieren	regelmäßig
die Schulter	die Tablette	einatmen	erst
der Arm	der Verband	husten	nicht mehr
der Finger	der Unfall	Fieber messen	ohne
die Brust	das Krankenhaus	gewinnen	gegen
der Mund	der Kurs	treffen	wenn
der Zahn	die Schutzaus-	den Arm brechen	
der Schmerz	rüstung	verschreiben	Wie geht es Ihnen?
der Husten	der Sturz	bewegen	Wie geht es euch?
der Schnupfen	die Verletzung	inlineskaten	Ich habe gute Laune.
die Erkältung	die Inlineskates	schützen	Was fehlt dir?
die Ruhe	(Plural)	verletzen	Ich habe Kopfschmer-
der Schlaf	der Fußgänger	dürfen	zen.
die Medizin			Mein Kopf tut weh.
die Temperatur	müde		Ich fühle mich schlapp.
der Grad	schlapp		Meine Nase läuft.
das Thermometer	froh		Ich bin erkältet.
das Fieber	wütend		Au!
der Arzt	sicher		Gesundheit!
die Energie			Gute Besserung!

A Was passt aus der Liste?

Körperteile: _____

Krankheiten: _____

Medizin: _____

Sport: _____

B Was passt nicht?

1. den Arm — brechen • bewegen • wehtun
2. Fieber — verschreiben • haben • messen
3. Tabletten — verschreiben • schützen • bekommen
4. den Kopf — schützen • verletzen • einatmen
5. Kopfschmerzen — treffen • haben • bekommen

C Ergänze der / das / die. Bilde Wörter.

1. _der_ Hals + _die_ Bonbons = _die Halsbonbons_
2. _____ Husten + _____ Saft = _____ _____
3. _____ Augen + _____ Tropfen = _____ _____
4. _____ Zahn + _____ Arzt = _____ _____
5. _____ Sport + _____ Unfall = _____ _____
6. _____ Arm + _____ Verletzung = _____ _____
7. _____ Kopf + _____ Schmerz + _____ Tablette = _____ _____

D Richtig schreiben: z oder tz?

1. Mir ist heiß, ich schwi____e.
2. Bist du verle____t? Hast du Schmer____en?
3. Wenn man eine Schu____ausrüstung trägt, gibt es weniger Verle____ungen bei Stür____en.
4. Gegen die ____ahnschmer____en hilft nur noch eine Spri____e.

E Reagiere.

Wie geht es dir?

Was fehlt dir?

Hast du auch Schnupfen?

Hatschi!

Mein Lieblingswort:

FRÜHER UND JETZT
5

1 Welches Spiel ist das? Schreib auf.

1. ein Brettspiel aus Indien oder Persien für zwei Spieler _____

2. ein Kinderspielzeug zum Springen _____

3. ein Logikspiel aus Ungarn für Alleinspieler _____

4. ein kleiner Zug zum Basteln und Spielen _____

2 Kombiniere. Schreib die Wörter mit dem Artikel auf.

Spring-
Zauber-   Würfel
Karten-   Flugzeug
Spiel-   +   Spiel
Modell-   Seil
Brett-   Eisenbahn
Kletter-

der Spielwürfel, _____
_____
_____
_____

3 Gespräch mit Oma: Ergänze die Fragen.

○ _____?

● Nein, ich hatte nicht viel Freizeit.

○ Was _____?

● Ich habe Märchen und Tiergeschichten gelesen.

○ Was _____? ● Mein Lieblingsspielzeug war eine Puppe.

○ Welche _____? ● Wir haben noch Fangen gespielt.

○ Wie _____? ● Das Leben früher war nicht so leicht wie heute.

104   einhundertvier

4 Such 5 Geräte. Schreib sie mit dem Artikel auf.

O	M	I	H	A	L	R	O	T	E	N	Ü	F
W	A	S	C	H	M	A	S	C	H	I	N	E
I	L	T	Ö	Z	U	D	T	U	N	G	E	R
K	E	U	P	E	R	I	Ü	S	C	H	O	N
O	T	E	L	E	F	O	N	O	B	R	A	S
P	F	A	H	T	U	S	K	E	I	N	B	E
K	Ü	H	L	S	C	H	R	A	N	K	I	H
U	F	U	T	A	I	L	I	B	E	R	V	E
Z	A	H	P	I	S	C	H	K	R	O	W	R

5 Ergänze.

1. Annas Opa hatte als Kind keinen _____
2. Meine Großeltern hatten früher kein eigenes _____
3. Unsere Großeltern haben früher mehr _____ gehört.
4. Kiras Oma hatte auch als Kind eine _____
5. In jeder Wohnung gibt es heute einen _____
6. Heute haben viele Kinder in Deutschland ein _____
7. Das Lieblingsspielzeug von Florians Opa war das _____

6 Was passt für dich? Kreuz an und schreib Sätze in dein Heft.

	Ich bin froh, dass …	Ich hoffe, dass …	Ich finde es schade, dass …
gute Freunde haben	☐	☐	☐
nicht umziehen	☐	☐	☐
im Sommer ans Meer fahren	☐	☐	☐
keinen Hund haben	☐	☐	☐
schneien	☐	☐	☐
am Wochenende lange schlafen dürfen	☐	☐	☐

7 Was erzählen die Kinder? Ergänze die Sätze.

"Ich spiele gern Schach."

Anna sagt, dass sie _____

"Das Leben ohne Computer ist langweilig."

"Ich höre sehr wenig Radio."

Ben findet, dass _____

Tarek sagt, dass _____

"Ich spiele fast jeden Tag zwei Stunden am Computer."

Felix erzählt, dass _____

"Wir dürfen nur am Wochenende fernsehen."

Lena und Emma erzählen, dass _____

8 Reise auf eine einsame Insel: Wer nimmt was mit? Schreib Sätze in dein Heft.

Heike: „Am liebsten mag ich Eis."
Erik: „Ich mag Musik, ohne Musik kann ich nicht leben."
Simone: „Ich lese gern. Und ich lerne gerade fotografieren."
Max: „Meine Freunde sind sehr wichtig. Und ich verbringe viel Zeit im Internet."
Philipp: „Ich mache viel Sport. Auf der Insel lerne ich vielleicht surfen."
Dennis: „Ich gehe oft ins Kino und sehe gern fern. Auf der Insel möchte ich auch mit meinen Freunden reden."

Ich glaube, dass Heike den Kühlschrank mitnimmt.

Ich denke, dass ...

der K~~ü~~hlschrank • das Surfbrett • Bücher • das Handy • der Fernseher • der Computer • der MP3-Player

9 Ergänze. ↗ 7
FÜR PROFIS Deck den Kasten ab und ergänze so die Sätze.

1. Früher _____ die Mädchen immer einen Rock tragen.

2. Meine Oma _____ als Kind jeden Tag die Tiere füttern.

3. Ich _____ gestern schwimmen gehen. Aber ich _____ nicht. Ich habe gelernt.

4. In den Ferien _____ wir lange schlafen. Gestern war der erste Schultag und ich _____ sehr früh aufstehen.

5. Früher _____ die Schüler nicht in Gruppen arbeiten.

> wollte • konnten • mussten • musste • durften • konnte • musste

10 a. Wie war Schule früher? Wie ist sie heute? Ordne zu. ↗ 7

	früher	heute
1. im Unterricht nicht miteinander reden dürfen	☐	☐
2. mit dem Bus zur Schule fahren können	☐	☐
3. die Meinung nicht sagen können	☐	☐
4. die Hände auf den Tisch legen müssen	☐	☐
5. Röcke und Kleider tragen müssen	☐	☐
6. mit dem Lehrer diskutieren können	☐	☐
7. zu Fuß zur Schule gehen müssen	☐	☐
8. den Lehrer immer fragen können	☐	☐
9. einen Glücksbringer mitnehmen dürfen	☐	☐

b. Schreib Sätze.

Früher durften die Schüler nicht ...   Heute können die Schüler ...

11 Ergänze das Interview mit der Klasse 5a.

○ Ihr habt für den Projekttag ein internationales Café organisiert. Wie habt ihr das gemacht?

● Zuerst _mussten_ wir aufschreiben: Wer bringt was mit? Die Schüler _____ einen Kuchen backen oder etwas Typisches aus ihrem Land mitbringen.

○ _____ ihr auch Getränke kaufen?

● Das haben die Eltern gemacht. Sie _____ auch Kaffee kochen.

○ Was _____ man im Café alles machen?

● Man _____ natürlich viel essen und trinken. Wir haben Länderplakate im Klassenzimmer aufgehängt und die Besucher _____ ein Quiz machen. Zum Schluss _____ alle etwas nach Hause mitnehmen.

12 Ergänze den Text: dass, weil oder wenn?

Hannah erzählt, _____ sie die fünfte Klasse einer Realschule besucht. Sie weiß viel über Kühe, _____ sie auf dem Bauernhof wohnt. Hannah hat oft wenig Zeit, _____ sie ihren Eltern und Geschwistern helfen muss. Sie ist immer froh, _____ sie auf den Markt fährt. Sie mag den Markt, _____ sie dort andere Kinder trifft. Hannah sagt, _____ sie später Ärztin oder Apothekerin werden möchte.

13 Satzmaschine: Schreib Sätze in dein Heft.

		den Schülern	die Aufgabe.
Ich	gibt	der Katze	einen Keks.
Meine Freunde	zeigt	den Eltern	Gurken.
Die Kinder	geben	dem Bruder	Wasser.
Die Lehrerin	zeige	mir	die Schule.
	schreibt	dem Hamster	Bonbons.
	kaufen		einen Brief.

108 einhundertacht

14 Wer macht was? Schreib Sätze. 12

Mutter → Kinder

Vater → Sohn

Mutter → Kind

Lehrerin → Schülerin

1. Die Lehrerin gibt _____ die Kreide.
2. _____
3. _____
4. _____

15 Such eine Lernpartnerin / einen Lernpartner. Würfelt und sprecht. 12

⚀	⚁	⚂	⚃	⚄	⚅
super	sehr gut	nicht so gut	schlecht	ganz okay	viel besser

• Wie geht es der Oma?
○ Es geht ihr super.

der Oma • den Kindern • dem Baby • der Familie • dir • der Lehrerin • den Schülern • dem Hund • dem Arzt • der Tante

Mein Ich-Buch 5

LERNWORTSCHATZ

das Spielzeug	der Nachbar	erzählen
das Springseil	die Toilette	hoffen
das Brettspiel	die Schüssel	aufwärmen
der Zauberwürfel	der Herd	frieren
das Jo-Jo	der Rock	waschen
die Spielkonsole	das Kleid	Zähne putzen
die Modelleisenbahn	die Möhre	packen
das Leben	die Kartoffel	ernten
die Geschichte	das Heu	herstellen
die Freizeit	der Markt	verkaufen
das Gerät	die Arbeit	zeigen
der Fernseher	das Kalb	
das Telefon	der Eimer	früher
das Radio	der Apotheker	vielleicht
die Waschmaschine	die Apothekerin	bestimmt
der Kühlschrank		eigener, eigenes, eigene
der Laptop	beliebt	dass
das Tablet	streng	
der MP3-Player	ordentlich	Ich habe keine Ahnung.
	anstrengend	Ich bin überrascht.
	doof	Ich finde es schade.

A Was passt aus der Liste?

Spielzeug: _____

Technik: _____

Bauernhof: _____

B Silbenrätsel: Schreib die Wörter mit dem Artikel auf.

Spiel ben Brett Fern zeit Spring
  seh zeug seil Zau spiel wür
Frei Le er fel ber

das Spielzeug, _____, _____, _____,

_____, _____, _____

C Was passt zusammen? Verbinde.

eine Geschichte — zeigen
das Essen — ernten
Milch — herstellen
Kartoffeln — erzählen
Spielzeug — aufwärmen
den Bauernhof — verkaufen

D Buchstabenschlange: Welche Wörter sind das? Verbinde und schreib mit dem Artikel.

S	N	R
E	R	E
H	E	F

F	F	O
E	K	T
L	A	R

C	H	B
A	N	A
N	I	R

S	U	E
P	G	Z
I	E	L

K	E	A
E	R	P
H	T	O

_____ _____ _____ _____ _____

E Was passt?

waschen • die Waschmaschine

telefonieren • _____

Musik hören • _____

fernsehen • _____

springen • _____

etwas aufwärmen • _____

F Antworte.

Was ist dein Lieblingsspielzeug?

Welches Gerät ist für dich besonders wichtig?

Welches Gerät war früher wichtig für deine Großeltern?

Mein Lieblingswort:

AUF KLASSENFAHRT 6

1 Was ist das? Lös das Rätsel.

2 Vergleiche.

1. groß • Dom oder Kirche?

   Der Dom ist _____ als _____

2. klein • Gasse oder Straße?

   _____

3. interessant • Museum oder Zoo?

   _____

4. weit weg • Bahnhof oder Flughafen?

   _____

5. alt • Schloss oder Burg?

   _____

6. tief • Fluss oder See?

   _____

3 Verbinde die Dominosteine.

besichtigen	die Lehrerin
erleben	eine Geschichte
besuchen	den Dom
bekommen	viel Interessantes
erzählen	eine Stadt
verstehen	ein Souvenir

4 Ergänze das Gedicht mit Perfekt-Formen.

Zwicke, zwacke, zwucht,
wir haben die Stadt _besucht_.
Zwicke, zwacke, zweckt,
wir haben das Schloss _____.
Zwicke, zwacke, zwebt,

wir haben viel Interessantes _____.
Zwicke, zwacke, zwommen,
wir haben ein Souvenir _____.
Zwicke, zwacke, zwählt,
wir haben Geschichten _____.

5 Was erzählen die Kinder über ihre Klassenfahrt? Ergänze.

1. Wir haben Wien _____
2. Wir haben auch Schloss Schönbrunn _____
3. Unsere Lehrerin hat uns viel _____
4. Bei der Führung haben wir alles _____
5. Zum Schluss haben wir ein Souvenir _____
6. Wir haben auf der Klassenfahrt viel _____

6 **FÜR PROFIS** Schreib mit den Wörtern im Kasten eine Postkarte von der Klassenfahrt. Schreib in dein Heft. 4

Schullandheim • besichtigen • Stadtrallye • Spaß • Mozartkugeln

Liebe Emma,
viele Grüße aus Salzburg.
Wir wohnen …

Bis bald,

7 Ergänze die Fragen. 5

1. Wie kommen wir zum _____

2. Entschuldigen Sie, wie komme ich _____

3. Komme ich hier _____

4. Wie komme ich _____

5. Entschuldigen Sie, wie kommen wir _____

6. Entschuldigen Sie, wie komme ich _____

8 Zeichne den Weg auf der Karte ein. Wo kommst du an? 5

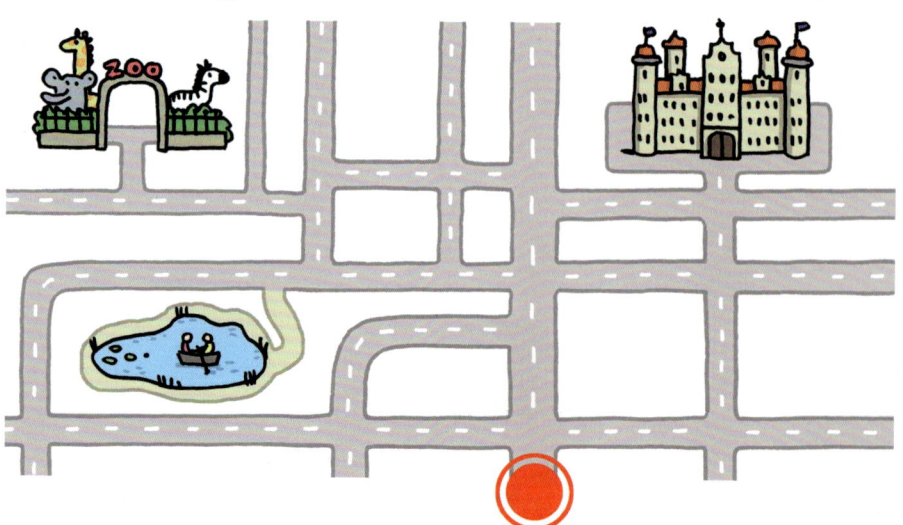

Geh geradeaus bis zur dritten Straße.
Geh dort nach links und geh die zweite Straße nach rechts.
Geh dann die erste Straße nach links und weiter geradeaus.

9 Ergänze die Dialoge.

1. ○ Entschuldigen Sie, wie komme ich zum Schloss Mirabell?
   ● Geh _____, dann nach _____ und an Mozarts Wohnhaus _____.

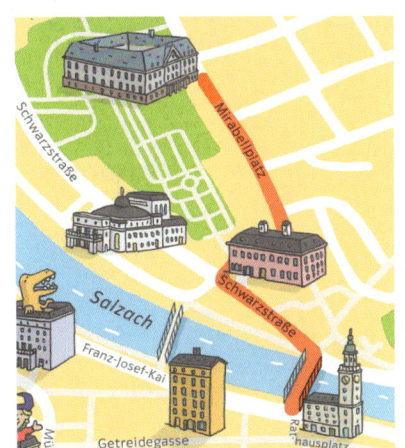

2. ○ Können Sie mir helfen? Ich suche den Dom.
   ● Das ist ganz einfach. Geh zuerst _____ bis zur Franziskaner Kirche und dann nach _____.

3. ○ Entschuldigen Sie, wie kommen wir zum Haus der Natur?
   ● Also, geht immer _____ bis zum Spielzeugmuseum und geht dort nach _____.

10 Wo ist Wau? Ergänze.

1. Wau ist _____ dem Turm.
2. Wau ist _____ dem Schloss.
3. Wau steht _____ der Kirche.
4. Wau ist _____ den Bäumen.
5. Wau steht _____ dem Turm.
6. Wau ist _____ dem Schloss.
7. Wau ist _____ der Brücke.
8. Wau sitzt _____ dem Flugzeug.
9. Wau rennt _____ dem Fluss.

11 Wo sind die Deutschprofis? Ergänze. 🡥 7

1. Felix ist in _____

2. Maja ist _____

3. Leo und Maja sitzen _____ und Wau ist _____

4. Felix badet _____

5. Felix sitzt _____

12 Was wollt ihr in der Stadt machen? Kreuz an und ergänze. 🡥 8

Im	In der	Am	Auf dem	Auf der	
✗	☐	☐	☐	☐	Café wollen wir Eis essen.
☐	☐	☐	☐	☐	Fluss _____
☐	☐	☐	☐	☐	Souvenirladen _____
☐	☐	☐	☐	☐	See _____
☐	☐	☐	☐	☐	Sportplatz _____
☐	☐	☐	☐	☐	Schule _____
☐	☐	☐	☐	☐	Kino _____
☐	☐	☐	☐	☐	Straße _____
☐	☐	☐	☐	☐	Marktplatz _____

13 Was möchten die Kinder im Spielzeugmuseum wissen?

1. Wie viele Puppen gibt es im Museum?

   Wissen Sie, wie viele _____?

2. Welcher Film läuft im Kinder-Kino?

   Wir möchten wissen, _____.

3. Wie viel kostet die Modelleisenbahn?

   Ich möchte fragen, _____.

4. Wie alt sind die Spielzeuge?

   Können Sie mir sagen, _____?

5. Wo ist die Toilette?

   Wissen Sie, _____?

6. Was kann man in der Kinderwerkstatt machen?

   Ich möchte wissen, _____.

14 Klassenfahrt nach Berlin: Schreib die Sätze in dein Heft.

- Wann fahren wir nach Berlin?
- Wie lange dauert die Klassenfahrt?
- Wo wohnen wir in Berlin?
- Was muss ich nach Berlin mitnehmen?
- Was besichtigen wir in Berlin?

Leon will wissen, wann sie …

Lukas fragt, …

Nicolas …

Carla …

Anna …

Mein Ich-Buch 6

LERNWORTSCHATZ

die Klassenfahrt	das Café	entdecken	unterwegs
die Brücke	das Würstchen	ankommen	geradeaus
der Fluss	der Marktplatz	anschauen	links
die Burg	die Bank	auspacken	rechts
die Festung	der Pilot	besichtigen	bis zu
das Schloss	das Denkmal	anprobieren	also
der Dom	die Sehenswürdig-	grillen	wieder
das Rathaus	keit	Tischtennis spielen	insgesamt
der Brunnen	der Erwachsene	verstehen	
die Gasse	die Erwachsene	erfahren	über
das Geburtshaus	das Aquarium	erleben	unter
das Tagebuch	das Becken		vor
die Fahrt	der Liter	berühmt	hinter
die Rallye	das Reptil	nass	neben
der Stadtplan	der Alligator	einfach	zwischen
der Ausflug	der Wal	höflich	
das Stadtzentrum	der Hai		Entschuldigen Sie!
die Richtung	die Fütterung		Wie komme ich zum Museum?
der Prinz	der Weltraum		Das Museum ist heute geöffnet.
die Prinzessin	der Museumsführer		Es ist viel los.
die Oper	das Ticket		Genau.
die Führung			

A Was passt aus der Liste?

Stadt: _____

Aquarium: _____

Museum: _____

B Klopf den Akzent. Was passt aus der Liste?

anprobieren: _____

ver**steh**en: _____

C Brückenwörter: Was fehlt? Schreib die Wörter auf.

SCHUL — KLASSEN — FAHRT   die Schulklassen, die Klassenfahrt

TISCH — — PLATZ   _____

RAT — — AUFGABE   _____

GROSS — — PLAN   _____

D Was fehlt? Ergänze.

fahren • die Fahrt

_____ • die Besichtigung

_____ • die Erfahrung

führen • _____

_____ • die Entdeckung

füttern • _____

_____ • das Erlebnis

E Antworte.

Wie heißt deine Stadt?
Wie ist sie?
Welche Sehenswürdigkeiten gibt es?
Wo ist deine Schule?

Mein Lieblingswort:

SPIEL Leiterspiel

Spielt zu viert. Würfelt und löst die Aufgabe.

Richtig? – Der/die nächste Spieler/in würfelt.
Falsch? – Geh auf dein Feld zurück.

Wenn du auf ein Feld mit einer Leiter kommst, kletterst du nach unten oder nach oben und löst die Aufgabe auf diesem Feld.
Der/die Spielleiter/in kontrolliert die Lösung (S. 124).

START

1 Wo fehlt der Artikel? Ergänze.
Die Souvenirs kommen
aus _____ Türkei, aus _____ Griechenland, aus _____ USA, aus _____ Italien, aus _____ Schweiz.

2 Ergänze die Perfekt-Formen.
backen – sie haben _____
lernen – er hat _____
essen – ich habe _____

3 Was hast du am Wochenende gemacht? Sag drei Sätze.

13 Was machst du am liebsten? Was kannst du am besten?

12 Ist das so? Reagiere.
Mathe ist schwerer als Deutsch.

11 Welche Formen fehlen?
groß – _____ – _____
_____ – _____ – am schönsten
_____ – besser – _____

14 Antworte.
Kannst du Fahrrad fahren?
Wie gut kannst du fahren?
Bist du schon mal hingefallen?

15 Nenn drei Tierrekorde.

16 Nenn sechs Körperteile mit dem Artikel.

17 Du bist krank. Was fehlt dir? Sag drei Sätze.

25 Lies die SMS. Was schreibt Mona?
```
Hallo, ich bin krank.
Ich komme heute nicht
in die Schule. :-( Mona
```
Mona schreibt, dass sie ...

24 Ergänze.
Hannah gibt _____ Hund Futter.
Sie gibt _____ Katze Milch.
Sie zeigt _____ Freundinnen den Hof.
Sie hilft _____ Eltern und Geschwistern.

26 Wie heißen die Sehenswürdigkeiten? Ergänze auch den Artikel.
_____ F _ _ _ _ _ g
_____ D _ m
_____ S _ _ _ _ s

27 Wo ist Wau?

28 Ein Junge fragt nach dem Weg zum Rathaus. Erklär ihm den Weg.

MIT SPIEL ANS ZIEL 1–6

4 Ergänze *haben* oder *sein*.
Wir _____ nach München gefahren.
_____ du das Olympiastadion gesehen?
Mein Bruder _____ viel geschwommen.

5 Was habt ihr heute in der Schule gemacht? Sag drei Sätze.

6 Mit wem bist du befreundet? Was macht ihr zusammen?

7 Wie muss ein Freund sein? Nenn fünf Eigenschaften.

10 Stell ein Buch / einen Film vor. Sag drei Sätze.

9 Formuliere die Sätze im Perfekt.
Alex zieht nach Berlin um.
Ich rufe ihn an.
Er lädt mich ein.

8 Ergänze.
… ist mein Freund / meine Freundin, weil …

18 Ergänze.
Ich bin froh, wenn …
Ich bin traurig, wenn …
Ich habe Angst, wenn …

19 Was darf man hier nicht machen?

20 Wann hast du schlechte Laune? Nenn zwei Situationen.
Ich habe schlechte Laune, wenn …

29 Das Leben früher: Ergänze.
Meine Oma m_____ auch samstags in die Schule gehen.
Sie k_____ nicht lange schlafen.
Sie m_____ ihrer Mutter in der Küche helfen. Sie d_____ nicht allein ins Kino gehen.

23

22 Nenn fünf technische Geräte mit dem Artikel.

21 Wie heißen die Spiele?

29 Was habt ihr auf der letzten Klassenfahrt gemacht?

30 Frag höflich.
Was kann man im Museum sehen?
Wann ist das Museum geöffnet?
Wie viel kostet ein Ticket?

ZIEL

UNREGELMÄSSIGE VERBEN

Infinitiv	Präsens	Perfekt
anfangen	fängt an	hat angefangen
anhalten	hält an	hat angehalten
ankommen	kommt an	ist angekommen
anrufen	ruft an	hat angerufen
aufstehen	steht auf	ist aufgestanden
aussehen	sieht aus	hat ausgesehen
backen	bäckt / backt	hat gebacken
bekommen	bekommt	hat bekommen
bleiben	bleibt	ist geblieben
brechen	bricht	hat gebrochen
einladen	lädt ein	hat eingeladen
erfahren	erfährt	hat erfahren
essen	isst	hat gegessen
fahren	fährt	ist gefahren
fangen	fängt	hat gefangen
fernsehen	sieht fern	hat ferngesehen
finden	findet	hat gefunden
fliegen	fliegt	ist geflogen
fressen	frisst	hat gefressen
frieren	friert	hat gefroren
geben	gibt	hat gegeben
gehen	geht	ist gegangen
gefallen	gefällt	hat gefallen
gewinnen	gewinnt	hat gewonnen
helfen	hilft	hat geholfen
hinfallen	fällt hin	ist hingefallen
kommen	kommt	ist gekommen
laufen	läuft	ist gelaufen
lesen	liest	hat gelesen
liegen	liegt	hat gelegen
messen	misst	hat gemessen
reiten	reitet	ist geritten
schlafen	schläft	hat geschlafen
schreiben	schreibt	hat geschrieben
schwimmen	schwimmt	ist geschwommen
sehen	sieht	hat gesehen
sein	ist	ist gewesen
sitzen	sitzt	hat gesessen
sprechen	spricht	hat gesprochen
springen	springt	ist gesprungen
streiten	streitet	hat gestritten

Infinitiv	Präsens	Perfekt
treffen (jemanden)	trifft (jemanden)	hat (jemanden) getroffen
trinken	trinkt	hat getrunken
umziehen	zieht um	ist umgezogen
verlieren	verliert	hat verloren
verschreiben	verschreibt	hat verschrieben
verstehen	versteht	hat verstanden
waschen	wäscht	hat gewaschen
wehtun	tut weh	hat wehgetan
werden	wird	ist geworden
werfen	wirft	hat geworfen
zusammenhalten	hält zusammen	hat zusammengehalten

Mischformen

Infinitiv	Präsens	Perfekt
bringen	bringt	hat gebracht
denken	denkt	hat gedacht
erkennen	erkennt	hat erkannt
verbringen	verbringt	hat verbracht
wissen	weiß	hat gewusst

Modalverben

Infinitiv	Präsens	Perfekt
dürfen	darf	hat gedurft
können	kann	hat gekonnt
müssen	muss	hat gemusst
wollen	will	hat gewollt

LÖSUNGEN ZUM LEITERSPIEL

Leiterspiel

1. der, –, den, –, der

2. gebacken, gelernt, gegessen

3. z. B. Ich bin am Samstag ins Kino gegangen und ich habe Fußball gespielt. Ich war am Sonntag zu Hause und wir haben Karten gespielt.

4. sind, Hast, ist

5. z. B. Wir haben gelernt / gesungen / Sport gemacht / einen Test geschrieben / Texte gelesen / …

6. z. B. Ich bin mit … befreundet. Wir spielen / lernen / lachen / … zusammen. Wie machen zusammen Sport.

7. z. B. nett, klug, sportlich, stark, ehrlich, witzig, lustig …

8. z. B. … ist mein Freund / meine Freundin, weil er / sie witzig / mutig / ehrlich / … ist.

9. Alex ist nach Berlin gezogen. Ich habe ihn angerufen. Er hat mich eingeladen.

10. z. B. Ich habe das Buch „…" gelesen. / Ich habe den Film „…" gesehen. Die Hauptfiguren heißen … Das Buch / Der Film hat mir gefallen, weil es / er spannend ist.

11. größer – am größten; schön – schöner; gut – am besten

12. z. B. Das stimmt. / Das finde ich auch. / Das sehe ich anders. / So ein Quatsch! / Vielleicht.

13. z. B. Am liebsten lese / male / spiele / … ich. Rechnen / Reiten / … kann ich am besten.

14. z. B. Ja, ich kann Fahrrad fahren. Ich kann sehr gut fahren. Ich bin einmal hingefallen.

15. z. B. Der Kolibri ist am kleinsten. Der Gepard ist am schnellsten. Der Elefant ist am schwersten.

16. z. B. der Mund, der Finger, der Hals, die Schulter, der Fuß, der Arm

17. z. B. Ich habe Schnupfen. Meine Nase läuft. Ich habe Kopfschmerzen. Mein Hals tut weh.

18. z. B. Ich bin froh, wenn ich meine Freunde sehe. Ich bin traurig, wenn ich eine schlechte Note in Deutsch bekomme. Ich habe Angst, wenn ich einen Test schreiben muss.

19. Man darf nicht Fahrrad fahren. Man darf kein Eis essen. Man darf nicht telefonieren.

20. z. B. Ich habe schlechte Laune, wenn ich krank bin. Ich habe schlechte Laune, wenn ich kein Eis essen darf.

21. das Schachspiel, der Zauberwürfel, das Springseil

22. z. B. der Fernseher, das Telefon, der Kühlschrank, das Radio, die Waschmaschine

23. musste, konnte, musste, durfte

24. dem, der, den, den

25. Mona schreibt, dass sie krank ist. Sie schreibt, dass sie heute nicht in die Schule kommt.

26. die Festung, der Dom, das Schloss

27. vor dem Turm, zwischen den Bäumen, neben der Kirche

28. Geh zuerst geradeaus, dann nach links und wieder geradeaus.

29. z. B. Wir haben eine Wanderung gemacht. Wir haben im Wald gegessen und gespielt.

30. z. B. Können Sie mir sagen, was man im Museum sehen kann? Ich möchte wissen, wann das Museum geöffnet ist. Können Sie mir sagen, wie viel ein Ticket kostet?

MEIN ICH-BUCH

EIN TOLLES WOCHENENDE

Wann hattest du ein tolles Wochenende? Wie war es? Mach zuerst Notizen.

Wohin bist du gegangen / gefahren?

Was hast du da gemacht?

Wer war noch da?

Wie war das Wetter?

Wie lange bist du geblieben?

Was hat dir besonders Spaß gemacht?

Schreib deinen Text. Du kannst auch ein Bild malen oder ein Foto einkleben.

BILD

MEIN ICH-BUCH 1

AUS BUCH UND FILM

Mal eine Figur aus deinem Lieblingsbuch oder deinem Lieblingsfilm.

Beschreib die Figur.

_____
_____
_____
_____
_____
_____
_____

> Die Figur heißt … • Sie ist aus dem Buch / aus dem Film …
> • … sieht … aus. • … hat … Haare / … Augen / …
> • … ist witzig / mutig / … • … ist mit … befreundet. •
> Einmal hat / ist er / sie … • Und dann hat / ist er / sie … •
> Ich mag diese Figur, weil …

MEIN ICH-BUCH 2

UNSER KLASSENPORTRÄT

Wie ist eure Klasse?
Mal ein Bild oder kleb ein Klassenfoto ein und schreib.

Wir sind _____ Mädchen und _____ Jungen.

Wir sind zusammen _____ Jahre alt. Wir lernen schon _____ Jahre Deutsch.

Wie seid ihr?
Was könnt ihr sehr gut?

Wir sind nett, _____

Wer kann was?
(am schnellsten rennen /
am schönsten singen /
am besten rechnen /
am schönsten schreiben /
am besten Deutsch / …)

Wer ist …?
(am witzigsten / am nettesten / am …)

Was macht ihr am liebsten zusammen?

MEIN ICH-BUCH 3

WIE GEHT'S IN DER SCHULE?

**Was machst du gern in der Schule? Was machst du nicht gern?
Mach Notizen oder mal Bilder.**

Schreib deinen Text.

Ich finde Schule super, wenn _____

_____

Ich finde es auch gut, wenn _____

_____

Aber ich mag es nicht, wenn _____

_____

Mir gefällt es auch nicht, wenn _____

_____

Am besten ist es, wenn _____

_____

> die Lehrerin ist nett / hilft / … • wir haben viele Hausaufgaben • wir singen • wir rechnen • wir haben Pause • wir gehen ins Museum • mein Freund ist krank • …

MEIN ICH-BUCH 4

DAS LEBEN FRÜHER

Lies den Aufruf. Frag deine Großeltern, notiere die Informationen.

SCHREIBWETTBEWERB

Wie haben deine Großeltern als Kinder gelebt? Wo haben sie gewohnt? Was hatten sie? Was hatten sie nicht? Was konnten sie nicht machen? Was durften sie? Wie war es in der Schule?

Schick uns deinen Text.

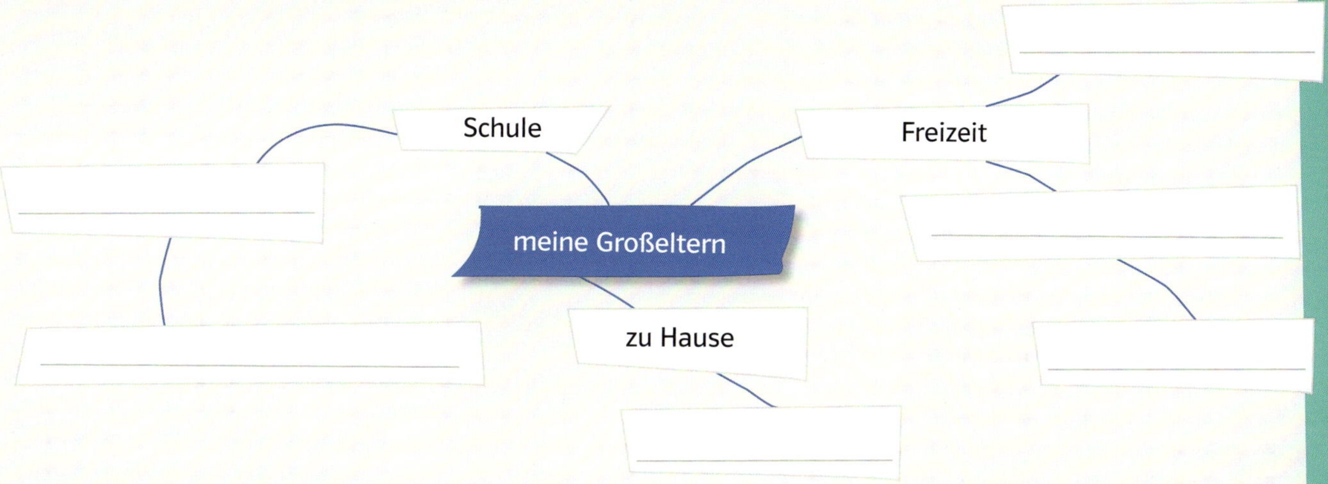

- Schule
- Freizeit
- meine Großeltern
- zu Hause

Schreib deinen Text.

_____
_____
_____
_____
_____
_____
_____

MEIN ICH-BUCH 5

MEINE STADT

**Gestalte einen Prospekt über deine Stadt: Wo ist sie?
Was gibt es dort? Was kann man sehen / machen / erleben?
Mal Bilder oder kleb Fotos ein. Schreib Texte dazu.**

MEIN ICH-BUCH 6

ALPHABETISCHE WÖRTERLISTE

Hier findest du den Wortschatz von *Die Deutschprofis A2.1*. Eigennamen von Personen und Städten wurden nicht aufgenommen. Zu jedem Wort sind Lektion und Aufgabe angegeben, in der das Wort zum ersten Mal vorkommt. Fett gedruckte Wörter stehen auf der Liste zum *Goethe-Zertifikat A2: Fit in Deutsch*.

Abenteuer, das, - L2/11
Abfahrt, die, -en L3/3
Agentur, die, -en L2/12
Ägypten L1/1
Ahnung, die L5/4
Album, das, Alben L3/14
Alligator, der, -en L6/9
als (größer als …) L3/5
also L6/5
Altstadt, die, -städte L6/1
anders L3/7
anfreunden, sich, freundet sich an L2/8
anfühlen, sich, fühlt sich an L4/1
angeln L1/10
anhalten, hält an (die Luft) L3/12
ankommen, kommt an L6/3
anmelden, meldet an L2/12
anpacken, packt an L5/10
anprobieren, probiert an L6/3
anschauen, schaut an L6/3
anstrengend L5/7
Antarktis, die L3/10
Antwort, die, -en L2/8
Anzeige, die, -n L6/3
Apothekerin, die, -nen L5/10
Aquarium, das, Aquarien L6/9
Arbeit, die, -en L5/10
Arm, der, -e L4/2
Arzt, der, Ärzte L4/5
äthiopisch L1/7

aufgeben, gibt auf L3/14
Aufruf, der, -e L5/2
aufwärmen, wärmt auf L5/7
Aula, die, -s L1/6
auseinanderbringen, bringt auseinander L2/4
Ausflug, der, Ausflüge L6/3
auslachen, lacht aus L3/2
auspacken, packt aus L6/3 L11/11
aussehen, sieht aus L2/1
Auswertung, die, -en L2/4

Bank, die, Bänke (Möbelstück) L6/6
Becken, das, - L6/11
befreundet L2/2
Begleitung, die, -en L4/16
beide L3/14
Beitrag, der, Beiträge L2/7
beliebt L5/1
besichtigen L6/3
bestaunen L6/3
bestimmt L5/4
Besuch, der, -e L1/2
bewegen L4/13
Bewertung, die, -en L6/12
bewundern L6/3
bieten L6/3
bis zu L6/5
blasen, bläst L3/12
bleiben L1/9
blond L2/1
Breakdance, der L3/1
brechen, bricht L4/12

Brettspiel, das, -e L5/1
Brunnen, der, - L6/2
Brücke, die, -n L6/1
Brust, die, Brüste L4/2
Bühne, die, -n L3/14
Burg, die, -en L6/1

Café, das, -s L6/8
CD, die, -s L3/14
Chemie, die L6/9
China L1/1
Cousin, der, -s L3/14

dabei sein, ist dabei L2/2
dagegen sein, ist dagegen L2/12
damals L3/2
danach L1/9
dass L5/5
denken L3/1
Denkmal, das, Denkmäler L6/6
deshalb L5/10
Dinosaurier, der, - L6/13
Dokument, das, -e L6/12
Dom, der, -e L6/1
doof L5/10
drehen (Film) L2/12
dürfen, darf L4/14

einhunderteinunddreißig **131**

echt L2/7
ehrlich L2/3
eigentlich L2/14
Eimer, der, - L5/10
ein bisschen L1/2
einander L2/4
einatmen, atmet ein L4/5
einfach L6/5
Einrad, das, Einräder L3/1
einverstanden sein, ist einverstanden L3/7
Eisdiele, die, -n L5/10
Energie, die L4/5
eng L6/12
Engel, der, - L1/6
entdecken L6/2
Entschuldigen Sie! L6/5
Erde, die L3/10
erfahren, erfährt L6/9
Erfahrung, die, -en L2/12
erfolgreich L2/12
erkältet sein, ist erkältet L4/5
Erkältung, die, -en L4/5
erkennen L2/12
erleben L2/11
Erlebnis, das, -se L1/1
ernten L5/10
erst L4/14
Erwachsene, der/die, -n L6/9
erzählen L5/4

Fahrt, die, -en L6/3
fangen, fängt L1/9
Faultier, das, -e L3/9
fehlen (Was fehlt dir?) L4/7
Fehler, der, - L3/3
Fernseher, der, - L5/4
Festung, die, -en L6/2
Fieber, das L4/5
Finger, der, - L4/1
Firma, die, Firmen L5/10
Fleck, der, -en L5/10

fleißig L2/3
Flughafen, der, -häfen L1/2
Fluss, der, Flüsse L6/1
Flüssigkeit, die, -en L4/5
Form, die, -en L5/10
Frankreich L1/1
Freizeit, die L5/3
Freundschaft, die, -en L2/4
Freundschaftsbändchen, das, - L1/1
frieren L5/7
froh L4/7
früher L5/1
fühlen, sich L4/5
Führung, die, -en L6/3
Fuß, der, Füße L3/6
Fußgänger, der, - L4/15

Gasse, die, -n L6/2
Geburtshaus, das, -häuser L6/2
gegen L4/12
Geige, die, -n L6/2
genauso L3/5
genug L4/5
geöffnet L6/11
Gepard, der, -e L3/9
geradeaus L6/5
Gerät, das, -e L5/4
Geschichte, die, -n L5/2
Geschichtslehrerin, die, -nen L2/12
Geschwister, die (Plural) L3/5
Gesundheit! L4/4
gewinnen L4/9
Ghana L1/1
glatt L2/1
gleich L2/2
Gleichgewicht, das, -e L3/1
Grad, das, -e L4/5
Griechenland L1/1
grillen L6/3
Gruppe, die, -n L3/1
Gute Besserung! L4/5

Hals, der, Hälse L4/2
halten, hält L3/2
Hand, die, Hände L3/5
Handball, der (Sport) L2/2
hart L1/1
hauen L2/14
heiß L4/5
Herd, der, -e L5/7
herstellen, stellt her L5/10
Heu, das L5/10
Himmel, der, - L3/10
hinfallen, fällt hin L3/1
hinter L6/6
hoch L3/10
höflich L6/11
Holz, das L1/1
Husten, der L4/5
husten L4/5

inhalieren L4/5
inklusive L6/3
inlineskaten L4/15
Inlineskates, die (Plural) L4/15
insgesamt L6/11
Interesse, das, -n L2/2
Interview, das, -s L2/12

jede/r/s L2/4
Jo-Jo, das, -s L5/1

Kalb, das, Kälber L5/10
Karriere, die, -n L3/14
Kartoffel, die, -n L5/10
Käsefondue, das L3/3
Keller, der, - L5/3
kennenlernen, lernt kennen L2/8
klappen L2/8

132 einhundertzweiunddreißig

Klassenfahrt, die, -en L6/1
klatschen L4/1
Kleid, das, -er L5/7
klopfen L4/1
klug L2/3
Koala, der, -s L3/9
Kolibri, der, -s L3/9
Kontinent, der, -e L6/9
Körper, der, - L4/4
Körperteil, der, -e L4/1
korrigieren L3/3
Krankenhaus, das, -häuser L4/12
Kuckuck, der, -e L3/9
Kugel, die, -n L6/3
Kühlschrank, der, -schränke L5/4
Kultur, die, -en L2/12
Kurs, der, -e L4/15

Laden, der, Läden L1/2
Lagerfeuer, das, - L1/10
Lampenfieber, das L3/14
Laptop, der, -s L5/6
Laune, die, -n L4/7
Leben, das, - L5/2
Leguan, der, -e L6/9
Leinwand, die, -wände L2/12
letzte/r/s L1/2
leuchten L3/10
Leute, die (Plural) L2/12
links L6/5
Liter, der, - (l) L6/11
los sein, ist los L6/8
lösen L2/10
Luft, die, Lüfte L3/12

Markt, der, Märkte L5/10
Marktplatz, der, -plätze L6/8
Medaille, die, -n L3/4
Medizin, die L4/5
Meinung, die, -en L2/8
messen, misst L4/5

Mexiko L1/1
Mikrofon, das, -e L3/14
miteinander L2/8
mittelalterlich L6/3
Modelleisenbahn, die, -en L5/1
Möhre, die, -n L5/10
Motorrad, das, -räder L5/SW
MP3-Player, der, - L5/6
Mund, der, Münder L4/2
Muschel, die, -n L1/1
Museumsführer, der, - L6/10
Mütze, die, -n L1/1

Nachbar, der, -n L5/7
nass L6/3
Naturkundemuseum, das, -museen L6/9
neben L6/6
Nest, das, -er L1/4
nicht mehr L4/1
niemand L2/4
normal L2/12
Note, die, -n L2/10

ohne L4/15
Oktopus, der, -se L3/9
Oper, die, -n L6/3
ordentlich L5/7
Orgel, die, -n L6/2
Ozean, der, -e L3/10

packen L5/8
Panda, der, -s L3/9
passieren L2/8
perfekt L2/4
Peru L1/1
Physik, die L6/9
Pilot, der, -en L6/6
Pilz, der, -e L1/9
Piste, die, -n L3/3

positiv L6/12
Praline, die, -n L6/3
Preis, der, -e L5/2
Prinz, der, -en L6/3
Prinzessin, die, -nen L6/3
Programm, das, -e L1/6
Projekt, das, -e L1/6
Prospekt, der, -e L6/10
Publikum, das L3/14
Puppe, die, -n L1/1
putzen (Zähne) L5/8
Pyramide, die, -n L1/6

Querflöte, die, -n L5/10

Radio, das, -s L5/4
Rallye, die, -s L6/3
rappen L3/14
Rapper, der, - L3/14
Rathaus, das, -häuser L6/1
Raum, der, Räume L1/6
Reaktion, die, -en L3/7
Realschule, die, -n L5/10
recht haben, hat recht L3/7
rechts L6/5
reden L2/4
regelmäßig L4/13
reichen (Das reicht.) L2/4
Reise, die, -n L3/3
Rekord, der, -e L3/9
Reptil, das, Reptilien L6/3
Restaurant, das, -s L1/9
Rezept, das, -e L1/SW
Richtung, die, -en L6/3
Riese, der, -n L6/9
Rock, der, Röcke L5/7
Ruhe, die L4/5
ruhig L2/3
Russland L1/1

Salbe, die, -n L4/12
Sandburg, die, -en L2/14
Sattel, der, Sättel L3/2
schaffen L3/2
scharf L1/1
Schatz, der, Schätze L6/GR
schenken L3/2
schief L3/10
Schifffahrt, die, -en L1/2
Schlaf, der L4/5
schlapp L4/5
schlimm L2/8
Schloss, das, Schlösser L6/2
Schlüsselanhänger, der, - L1/1
Schmerz, der, -en L4/3
Schnecke, die, -n L2/14
schnipsen L4/1
Schnupfen, der L4/5
schüchtern L2/3
Schuljahr, das, -e L2/8
Schullandheim, das, -e L6/3
Schulter, die, -n L4/1
Schüssel, die, -n L5/7
Schutzausrüstung, die, -en L4/15
schützen L4/15
Schutzengel, der, - L1/6
schwierig L2/11
schwitzen L4/5
See, der, -n L1/9
Seehund, der, -e L7/7
Sehenswürdigkeit, die, -en L6/7
seit L3/2
selbst L3/2
sicher L4/15
Situation, die, -en L2/8
Skateboard, das, -s L3/1
skypen L2/8
sogar L2/8
Song, der, -s L3/14
Sonnenblume, die, -n L4/11
sonnig L1/9
Souvenir, das, -s L1/1

Spanien L1/1
Spielkonsole, die, -n L5/1
Spielzeug, das, -e L5/3
sportlich L2/1
Springseil, das, -e L5/1
Spritze, die, -n L4/6
Stadtplan, der, -pläne L6/5
Stadtrundfahrt, die, -en L1/2
Stadtzentrum, das, -zentren L6/3
Stall, der, Ställe L5/SW
stampfen L4/1
stark L2/3
Stein, der, -e L1/6
Stern, der, -e L3/10
stimmen, stimmt L3/5
Stirn, die, -en L5/10
stolz L2/12
Strand, der, Strände L1/2
Streit, der, -s L2/6
streiten L2/5
streng L5/7
Sturz, die, Stürze L4/15

Tablet, das, -s L5/6
Tablette, die, -n L4/12
Tagebuch, das, -bücher L6/3
Talent, das, -e L3/1
Taschengeld, das L1/2
Taschenmesser, das, - L1/1
Tasse, die, -n L1/1
Team, das, -s L2/11
Teilnehmer, der, - L5/2
Telefon, das, -e L5/4
Temperatur, die, -en L4/5
Thermometer, das, - L4/5
Ticket, das, -s L6/11
Tiefe, die, -n L6/9
Tischtennis, das L6/3
Titel, der, - L2/12
Toilette, die, -n L5/7
Traum, der, Träume L2/12
Traumberuf, der, -e L2/12
treffen, trifft (jemanden) L4/8

Trick, der, -s L3/2
Trommel, die, -n L1/1
Tropfen, der, - L4/5
Turm, der, Türme L3/1
turnen L5/10
typisch L1/2

üben L3/2
über (wo?) L6/6
überall L1/2
überrascht L5/4
Übung, die, -en L4/SW
umziehen, zieht um L2/7
Unfall, der, Unfälle L4/14
Unsinn, der L3/7
unter (wo?) L6/6
unterschiedlich L2/4
unterwegs L6/3
unwichtig L2/3
unzertrennlich L2/8
Urkunde, die, -n L3/4
USA, die (Plural) L1/1

Veranstaltung, die, -en L6/9
Verband, der, Verbände L4/13
verbringen L2/4
verkaufen L5/10
verletzen L4/13
Verletzung, die, -en L4/15
verlieren L4/5
verlosen L5/2
vermissen L2/7
verpassen L2/12
verschreiben L4/12
verstehen L6/5
vor (wo?) L6/6
vorkommen L2/4

W

wach L1/12
Wal, der, -e L6/9

134 einhundertvierunddreißig

Wald, der, Wälder L1/9
Wanderung, die, -en L1/9
warten L2/11
waschen, sich, wäscht sich L5/7
Waschmaschine, die, -n L5/4
Wasserdampf, der L4/5
Webseite, die, -n L3/14
wechseln L2/8
weg L2/12
wehtun, tut weh L4/4
weich L1/1
weil L2/4
weit L2/12
Weltraum, der L6/2
Wem? L5/12
wenn L4/9
Werkstatt, die, -stätten L1/6
Werkzeug, das, -e L1/2
Wessen? L3/12
Wettbewerb, der, -e L5/2
wie (so schnell wie …) L3/5
witzig L2/3
wundervoll L4/1
Wunsch, der, Wünsche L3/2
Würstchen, das, - L6/3
wütend L4/7

zählen L5/10
Zahn, der, Zähne L4/6
Zauberwürfel, der, - L5/1
zeigen L3/2
Zeitungsartikel, der, - L3/14
Zettel, der, - L3/14
zu (zu schwer) L4/2
zucken L4/1
zum Beispiel L2/2
zum ersten Mal L3/2
Zungenbrecher, der, - L3/12
Zusammenfassung, die, -en L2/11
zusammenhalten, hält zusammen L2/4
Zwilling, der, -e L3/5
zwinkern L4/1
zwischen L6/3

SW=Spielwiese
GR=Grammatik

einhundertfünfunddreißig **135**

Textquellen
S. 23 Interview von http://neele-marie-nickel.jimdo.com, mit freundlicher Genehmigung von Neele Marie Nickel; S. 23 „Wann Freunde wichtig sind" von Georg Bydlinski aus „Das Gnu im linken Fußballschuh" © Boje Verlag, Köln / Bastei Lübbe AG; S. 34 „Deutschlands jüngste Rapper" © Augsburger Allgemeine; S. 52 „Ich habe eine Lieblingskuh" mit freundlicher Genehmigung von Hannah Weber

Bildquellen
Augsburger Allgemeine, Augsburg: **34**; Dreamstime.com, Brentwood, TN: **7.1, 72.6** (Volodymyr Shevchuk); **8.1** (Coramueller); **17.3** (Elena Rostunova); Erich Kästner: Emil und die Detektive, Alinea, Denmark. 2. edition, 2014 **85.2**; Fotolia, New York: **7.9** (Paipai); **10.3** (Ingo Bartussek); **11.3** (exclusive-design); **16.5** (gebphotography); **27.1** (bst2012); **88** (Gorilla); **108** (lisalucia); Hannah Weber, Leipheim: **53**; Imago, Berlin: **107.1** (Werner Otto); iStockphoto, Calgary, Alberta: **74.3** (fotostorm); **80.2** (Anna Omelchenko); **80.4** (blackwaterimages); **84.1** (mustafagull); **98.5** (Yuri_Arcurs); **114.2** (IgorP1976); **121.4** (Popartic); Klett-Archiv, Stuttgart: **9, 31.1, 31.2, 31.3, 37.1, 37.2, 37.3, 37.4, 37.5, 37.6, 42.1, 42.2, 42.3, 46.1, 46.2, 46.3, 46.4, 46.5, 66.6** (Stephan Klonk); mauritius images / Bildarchiv Monheim GmbH / Alamy **58.7**; mauritius images / imageBROKER / Jochen Tack **58.3**; mauritius images / mauritius history / **50.2, 50.4**; mauritius images / Oote Boe / Alamy **50.3**; mauritius images / Sabine Lubenow / Alamy **58.5**; Momo- Agentur für Kinder und Jugendliche, Köln: **23, 85.1**; Shutterstock, New York: **7.6, 72.8** (Zoran Karapancev); **7.7, 72.7, 96.1** (sanddebeautheil); **10.1, 11.2, 74.1** (Jeanette Dietl); **12.3, 27.3** (Ramona Heim); **12.4** (Soloviova Liudmyla); **16.6** (Delpixel); **16.9** (Marina Lohrbach); **29.1** (steve estvanik); **32.12** (k86); **32.15** (Vishnevskiy Vasily); **40.1** (AmazeinDesign); **40.4** (Monkey Business Images); **42.4** (Yanush); **43** (Max Topchii); **47.2** (Popartic); **47.7** (Malachy666); **48.1** (Siberia - Video and Photo); **58.6** (Sergiy Palamarchuk); **58.8** (Frank11); **66.2** (Philip Bird LRPS CPAGB); **69** (james weston); **72.1** (bioraven); **72.2** (aopsan); **72.3** (Artmim); **72.4** (KK Art and Photography); **77.2** (vblinov); **80.3** (Kalmatsuy); **81.1** (Valua Vitaly); **81.8** (g215); **81.10** (Suchat Siriboot); **96.2** (Kotsios Andreou); **96.5** (Shkurd); **104** (Siberia Video and Photo); **106.3** (Tutti Frutti); **109.1** (Pavel Ilyukhin); **109.2** (g-stockstudio); **109.3** (Blend Images); **113** (Sergey Novikov); **114.1** (Aleksandar Mijatovic); **117.1** (Konstantin Tronin); **117.2** (Szasz-Fabian Ilka Erika); **109.5**; Thinkstock, München: **7.2** (Kaycco); **7.3** (serpla); **7.4** (jumnong); **7.5, 96.6** (Ilya_Starikov); **7.8, 72.5** (ozmax); **8.2, 81.4, 81.6** (Amos Morgan); **8.3** (Aleksander Kaczmarek); **10.2, 11.1, 74.2** (Magdevski); **10.4** (DGLimages); **11.4** (Paul_Brighton); **12.1** (tmscherzer); **12.2** (gpointstudio); **16.1** (demarco-media); **16.2** (michaklootwijk); **16.4** (Tuned_In); **16.7, 48.4** (Hemera Technologies); **16.8** (EdnaM); **17.1, 17.4** (Photodisc); **17.2** (Cathy Yeulet); **17.5** (Mike Watson Images); **17.6** (nyul); **19, 81.3, 81.12, 82** (Wavebreakmedia Ltd); **27.2** (noblige); **27.4, 40.2, 80.1, 98.3, 98.6** (Jupiterimages); **27.5** (fotokostic); **27.6** (waldru); **29.2** (bernjuer); **29.3** (hopsalka); **30** (Steve Mason); **32.1, 92.2** (zhengzaishuru); **32.3** (tiero); **32.4, 92.3** (Byrdyak); **32.5, 32.7, 32.8, 32.11, 92.4** (GlobalP); **32.6, 47.1, 92.7, 121.5** (sunstock); **32.9, 92.6** (bennymarty); **32.10** (chengyuzheng); **32.13, 92.5** (kojihirano); **32.14** (prapassong); **32.17** (natthapenpis); **36.1** (zwawol); **36.2** (Mo-Jo-Lo); **36.3** (Eldad Carin); **36.4** (k_kalinina); **36.5** (Zoonar RF); **40.3** (Ableimages); **42.5** (ksena32); **47.3** (netopaek); **47.4** (artts); **47.5, 121.3** (ewastudio); **47.6** (ruksil); **48.2** (vansmuk); **48.3** (Margo Harrison); **48.5** (apCincy); **48.6** (jakkapan21); **50.1** (FooTToo); **57, 112.1** (bluejayphoto); **58.1** (TheYok); **58.2** (Sergey Borisov); **58.4** (A_Lein); **58.10** (Panama7); **58.11** (donstock); **66.1** (rclassenlayouts); **66.3** (Brigitte Wodicka); **66.4** (Oliver Hoffmann); **66.5** (gvictoria); **72.9** (Sergey Plakhotin); **77.1** (monkeybusinessimages); **77.3** (Zoonar/j.wnuk); **77.4, 105.6** (scanrail); **77.5** (Comstock); **77.6** (sundarananda); **81.2** (loco75); **81.5** (SergiyN); **81.7** (C-You); **81.9** (saiko3p); **81.11** (Gizelka); **84.2** (filiz76); **89** (Catherine Yeulet); **92.1** (atikinka2); **96.3** (Kamil Macniak); **96.4** (kravcs); **98.1** (FogStock/Vico Images/Marv Johnson); **98.2** (Donna Coleman); **98.4** (Christopher Robbins); **99** (Sneksy); **100.1** (AnnIris); **100.2** (kolae); **100.3** (Kilav); **100.4** (dragance137); **100.5, 100.6** (Ecelop); **100.7, 121.2** (dejanj01); **100.8** (SvetaP); **100.9** (rep0rter); **105.1** (Didier Kobi); **105.2** (Thomas Northcut); **105.3** (ppl58); **105.4** (kvsan); **105.5** (Grassetto); **105.7** (VladislavStarozhilov); **106.1** (Jupiterimages, Brand X Pictures); **106.2** (Kane Skennar); **106.4** (altrendo images); **106.5** (JacquiMoore); **107.2** (Ryan McVay); **109.4** (przemekklos); **121.1** (neyro2008); © Haus der Natur/Kressl **62.3**; © Haus der Natur/Simmerstatter **62.4**; © Haus der Natur **62.1, 62.2**; © HdN_ Kressl **58.12**; © HdN_Simmerstatter **58.9**

Audios
Tontechnik und Produktion Gunther Pagel, Top 10 Tonstudio, Viernheim
Aufnahmeleitung Stefanie Plisch de Vega
Sprecherinnen und Sprecher Johanna Becker, Christian Birko-Flemming, Amélie von Blücher, Frédéric von Blücher, Luca Deidel, Tino Hennersdorf, Clara Laux, Leander Laux, Titus Mahlberg, Heidi Plisch, Stefanie Plisch de Vega, Rosmin Schumacher, Sigrun Schumacher, Constantin Sold, Hans-Peter Stoll, Sophia Stößer, Leif Thünker, Emilio Vega, Sofi Vega, Ron Vodovozov
Musik „Meine Oma fährt im Hühnerstall Motorrad": Jürgen Schöntges, Mainz (Komposition und Bearbeitung), Karl Allgayer (Aufnahme)

Clips
Beratung Tünde Sárvári
Produktion media & more, Reutlingen
Geschäftsführer Alexander Müller
Aufnahmeleitung Sigrid Kulik
Illustrationen Zoltán Jécsai, Budapest
Sprecherin und Sprecher Sofi Vega, Ron Vodovozov
Fotos Shutterstock (canadastock), New York; dpa; picture alliance/Shotshop